最先端ECサイトを成功に導く
81の活用法

ショッピファイ
Shopify
運用大全

インプレス

はじめに

- 「Shopify」という名前を最近よく聞くが、何がそんなにすごいのか
- 「Shopify」を使ってみたいと思っているが、いったい今までのECシステムと何が違うのか
- 「Shopify」を既に使っていてもっと使いこなしたいが、どこに情報があるのか

　この本を手に取ってくださった皆さまは、同じような疑問を持たれている方が多いのではないでしょうか。2017年にShopifyが日本に上陸して以降、日本市場では急速にシェアを伸ばし、メディアなどで取り上げられることも増えてきました。しかし、一方で「いったい何がすごいのか」「どのように使いこなせば最大効果が発揮されるのか」「誰に相談したらよいのか」という疑問はずっと読者の皆さんのなかで、モヤモヤとしてきた部分なのではないでしょうか。私自身、Shopifyエバンジェリストという立場で日本でのコミュニティ活動を行うなかで、それは常に感じていたことでもあります。今回この本を執筆するに至った最大の「理由」は、このモヤモヤを解消したい、という思いです。

　しかし一方で、Shopifyに限らず、インターネットの世界、テクノロジーの世界は日進月歩であり、単なる「情報」だけを書き連ねただけでは、長くご愛読いただくことは難しいとも考えました。そのため、この書籍では「Shopify」という存在を理解し、追いかけ続けられるための「思考のフレームワーク」を習得できることもベネフィットとして設定しました。

　読者の方々は、今さまざまなステージにおられると思います。
　そのステージに合わせた「Shopify」の解説と、書籍を読み終わったあとも、継続的に最新の情報を自ら「取りにいける」。そんな状態を実現すべく、各章ごとに最適な専門家が執筆を行なう、という構成を取りました。

Chapter 1　最先端ECを実現するShopifyとは
「Shopifyとはいったい何なのか？」をファクトベースでご説明させていただきます。既にご存知の方も多い内容かとは思いますが、改めて今現在のShopifyを知る、という意味で読んでいただけると幸いです。

Chapter 2　ECビジネスで活用するための基礎知識
ShopifyをECビジネスで活用するためにはどのような前提知識や組織体制が必要なのかを解説し、実例を交えながら可能性と実現へのマイルストーンを解説します。

Chapter 3　フロントとバックオフィスの必須知識
Shopifyを実際に活用し、ECビジネスをスタートするさいに避けて通れない業務の全体像や物流、会計処理、カスタマーサポート、SEOなど抜けがち

| な重要業務を網羅していきます。

Chapter 4　"ひとり運営"のための効率化大全

ECを運営する上で重要なことが効率化。たとえ「ひとり」であっても運営
が回せるようなノウハウを実体験から解説。協業する場合の運営において
も、効率面で役立つノウハウを学びます。

Chapter 5　グロースハックでさらなる高みを目指す

当然のことながら、ECビジネスは成長させ続けなければなりません。たと
え外部の会社に頼るとしても、まずは運営者自身で「グロースハック」を
理解することは全体最適化の視点でもとても重要です。ここではShopifyを
活用した最新のグロースハック術を学んでいきます。

Chapter 6　Shopifyエキスパートとの協業

Chapter 5までの間に得られた思考をもとに「どのようなアプリを使うべ
きか」「自分たちができない箇所をどういったプロフェッショナルに頼む
か」という判断が必要になってきます。Shopifyエキスパートと呼ばれる心
強いパートナーと、どのように協業を行なっていくかの極意を学びます。

Chapter 7　最上位プランShopify Plusの活用

Shopifyを活用していくなかで、さらなる高みを目指していきたい、既に自
社で持っている顧客基盤とつないでいきたい。越境ECで国ごとにサイトを
展開していきたい……さまざまな可能性が出てくるなかで、それを叶えて
くれるShopify Plusの全容をここで理解していただきます。

　ECビジネスは「総合格闘技」であると言えます。あらゆることを俯瞰で見て、
適切な打ち手を積み上げていくことが必要になるなかで、机上の空論ではなく、実
践あるのみです。
　Shopifyはその実践を最も簡単に、かつ素早く実現できるツールでもあります。
この書籍を読み、Shopifyを理解していただくことで、今抱えられている課題とこ
れから発生するであろう課題を「解決し続けられる」状態へ、少しでも後押しでき
れば嬉しく思います。

　各章を担当した「Shopify 公認」のプロフェショナルたちが、包み隠さず曝け出し
た秘伝の技が、皆さまのECビジネスにお役に立てることを心より願っております。

河野貴伸

CONTENTS

Chapter1

最先端ECを実現するShopifyとは

Chapter2

ECビジネスで活用するための基礎知識

Chapter3

フロントとバックオフィスの必須知識

Chapter4

"ひとり運営"のための効率化大全

Chapter5

グロースハックでさらなる高みを目指す

Chapter6

Shopify エキスパートとの協業

Chapter7

最上位プランShopify Plusの活用

Chapter

1

最先端ECを
実現する
Shopifyとは

Shopifyの強み

Shopifyとは何か？
なぜ注目されているのか

この本を手に取ってくださった皆様は、「Shopify」という言葉自体は聞いたことがある方が多いと思います。「ECプラットフォーム」であることは想像しやすいと思いますが、実際はどういったものなのでしょうか。

✓ 「Amazonキラー」と呼ばれる所以とその実態

　ECプラットフォームとして知られるShopifyは（図表01-1）、多くのメディアにおいて「Amazonキラー」と呼ばれています。しかしこの表現は必ずしも正確とは言えません。**Shopifyはあくまで「自社EC」を実現する仕組み**です。

　さらに言えば「自社EC」を作る仕組みは、海外はもちろん日本国内においても、歴史あるサービスが多く存在しています。Shopify自身も「われわれはAmazonを排除しようとしているわけではない」と明言しています。

　ではなぜ「Amazonキラー」なのでしょうか？

図表01-1 Shopify公式サイト

Shopifyは世界175カ国で170万以上のECサイトで利用されているプラットフォーム。2017年に日本に参入して以来、コロナ禍のEC需要の高まりもあり、注目を集めている。出典：https://www.shopify.jp/

✅ 世界シェアはAmazonに次ぐ2位だが

2006年のサービス開始以来、Shopifyは成長し続けており、北米ではEC分野の流通総額においてAmazonに次ぐ2位となっています（図表01-2）。しかし、Shopifyを利用しているネット通販事業者はあくまで自社ECとして運営しており、顧客もShopifyに買い物に来ているわけではありません。「Amazonで買った！」という言葉は聞くことがあっても、「Shopifyで買った！」という言葉を聞かないのには、そういった理由があります。

Shopifyと **Amazon はビジネスの形が根本的に違います**。そして、実はこの違いがShopifyが「Amazonキラー」と呼ばれる所以なのです。

図表01-2 米国での小売ECシェア（2020年）

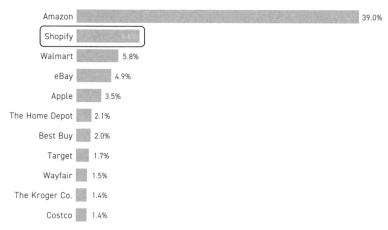

出典：Shopify-Investor-Deck-Q2-2021（https://investors.shopify.com/）をもとに作図

✅ 自社ECとモールが共存できるエコシステム

現実世界において百貨店やショッピングモールに出店している店舗が持つ「不満」と、Amazonに出店している店舗の「不満」は実は同

じものです。それは「手数料や出店料」がかかること。ただその一方で、百貨店やショッピングモールも Amazon も、「集客」という点においては非常に大きな力を持っています。さらには、顧客対応や物流のインフラなども整っており、「自社の商売に専念できる」ことが大きな魅力でもあります。

自社 EC か、モールへの出店か

長年この選択は多くの EC 事業者を悩ませてきました。

しかし、Shopify はそれら選択肢を両立できる、巨大な EC エコシステムを構築することで、成長してきたサービスなのです。**自社 EC とモールとの間で「対立構造」を作らず、2 つの選択肢が共存できる仕組みを用意している**わけです。

たとえば、Shopify は複数の自社 EC や店舗で共通して使える、独自の決済インフラ「Shopify ペイメント」を提供しています。集客においては、標準で SEO 対策や SNS との連携機能を強化。さらなる高みを目指す方向けに、パートナーとの協業がしやすい仕組みまでも用意し、自社 EC 構築においてはモールの使用感に近いサービスインフラを提供しています。

その一方、Shopify は既存のモール利用者にとっても、ストレスなく共存できるような連携機能を提供しています。たとえば、「Amazon Pay」や「楽天ペイ」などとの決済連携。また、楽天市場の販売チャネルと連携できる点もその 1 つです。

結果、Shopify を利用することで、**モールとつながりながらも、自社 EC においてはモールに劣らないような、独自で高レベルのサービスを顧客に提供できる環境を、合理的かつ簡単に実現できる**ようになります（2021 年 7 月現在、Amazon と販売チャネルを連携できるのはアメリカ・カナダのみ）。これが Shopify の大きな強みなのです。

冒頭で述べたように「Amazon キラー」というのは、必ずしも正しい表現ではなく、**Amazon とは違う側面で、EC の未来の形を示すサービスである**といえます。

⊘ BASE、STORESと比較したときの強み

一方、日本国内の自社ECプラットフォームとして、数年で急速にユーザー数を増やしているBASE や STORES とどのような違いがあるのかについても、比較していきます。

図表01-3はShopify、BASE、STORESの料金比較ですが、規模によって月額費用こそかかれども、初期費用・月額費用・決済手数料において大きな違いはありません。では、Shopify の強みはどこにあるのでしょうか？ **最も大きな違いは「拡張性」**です。

図表01-3 利用料金の比較

	Shopify	BASE	STORES
初期費用	0円	0円	0円
月額費用	$9（約945円）〜 $299（約31,395円）	0円	0円〜1,980円
取引手数料 （サービス利用料）	0円 （Shopify ペイメント 利用時）	3%	0円
決済手数料	3.25〜4.15%	（各注文ごとに） 3.25〜3.9%	有料プラン：3.6% 無料プラン：5%

本書の至るところで言及しますが、Shopifyに は「Shopify Apps」と呼ばれるアプリの仕組みがあり、足りない機能をアプリで簡単に拡張することができます。また、アプリ開発向けのAPI[※1]のドキュメントが整備されているため、機能の連携や追加開発が比較的容易で、**開発者がいれば新しい機能や表現を独自に突き詰めることができます。**

一方で、英語のドキュメントや仕様、クセのある特性は慣れるまでなかなか難易度が高く、追加開発やアプリの選定は一筋縄ではいきません。また、やれることが多いということは、一方で**「使いこなす」までには一定の修練が必要**だとも言えます。そういった点ではBASEやSTORESは非常にわかりやすいインターフェイスと日本の商習慣にマッチした機能を提供しており、初心者にはより使いやすいサービスであると言えます。

　しかし大切なことは、どれが優れているかということよりも、「自分たちの商売でやるべきことは何か」「どのサービスと相性がよいのか」という点です。各社とも無料お試しができますので、ぜひ触ってみることをオススメします。

✓ 日本国内のECパッケージと比較したときの強み

　日本国内の他のECパッケージについても、BASEやSTORESと同じことが言えます。ただし、日本国内のECパッケージとの比較において、1つ大事なポイントは、**Shopifyは売上規模によって乗り換える必要がない**、という点にあります。

　日本のECパッケージやECプラットフォームは、基本ターゲットとしている売り上げ規模がある程度制限されています。規模が大きくなると、どうしても「カートシステム」の乗り換えが発生します。そのタイミングで顧客離れや運用体制の再構築が発生してしまうため、ビジネス的にはマイナスのインパクトが大きくなります。自社が目指す売り上げ規模やどのくらいの年数で成長させたいのかによって、選ぶパッケージが変わることに注意する必要があります。

　その点、Shopifyは20万人同時アクセスに耐えるサーバーインフラを持ち、特にストアのコア機能に関しては、すべてのレンジの売上規模に対し、ほぼ同等のサービスを提供できるような基本設計になっています。また、サーバーの管理やセキュリティも万全です[2]。結

果、売上規模が大きくなっても、プラットフォームを乗り換える必要
がありません。個人運営から大手企業まで、長く使っていけるのが
Shopify なのです（図表01-4）。

図表01-4 Shopifyは売上規模によって乗り換える必要がない

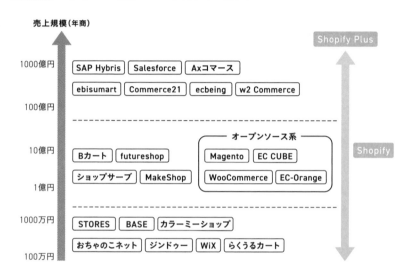

Point

Shopify が注目されている理由のまとめ

- 自社ＥＣとモールの共存を可能にした第3の選択肢として台頭
- BASE や STORES にはない高い拡張性を備える
- 売上規模によるカートシステムの乗り換えが不要

⇓

ＥＣの未来を示すサービスとして注目されている！

※1：**API** ▶「Application Programming Interface」の略で、アプリケーションを外部のプログラムと連携させる
機能を持つ。API を公開することで、独自アプリケーションの機能を他のサービスやアプリケーションに簡単に持
たせることができるようになる
※2：**参考**　Shopify のセキュリティは PCI DSS Level1 を取得している。PCI DSS とは、クレジットカードの情報
セキュリティのこと。また、Shopify が利用している「Google Cloud Platform」では情報セキュリティの国際標準
である ISO27001 を取得している

日本市場とグローバル市場での Shopifyの成長率は？

世界175ヵ国で170万以上のネットショップが日々運営されているShopify ですが、日本ではどのような成長を遂げているのでしょうか。ここでは公式 発表されているデータをもとに紐解いていきます。

✓ 2020年日本市場での成長率

　Shopifyが日本市場に参入したのは2017年。以後、国内のEC市場 の伸びとともに成長し、近年その名をよく耳にするようになりまし た。Shopify Japanが2021年に発表したリリースによると[3]、**2020年 度Shopify成長率はグローバルおよび日本市場ともに過去最高を更新** したとされています。

　2020年の国内流通総額（GMV；Gross Merchandise Value）は、前年と 比べて323％に増加。また、2020年の新規出店数の伸び率は前年比 228％の増加を示しています。この成長率は他国に比べても群を抜い て高いそうで、新規出店数も前年の2倍以上となっており、世界の マーケットのなかでも上位にあると発表されました。

✓ 2020年のグローバルでの成長率

　続いて、グローバルの成長率も見てみましょう。同リリースから データを抜粋すると、Shopifyを利用する事業者は世界で170万以上 あり、2020年のGMVは約12兆円、総売上高は約30兆円を記録した とされています（図表02-1）。また、Shopifyを通して商品を購入した消 費者は世界で4億5700万人近くおり、公式Shopアプリ[4]の登録者は 1億人を達成。さらに新規店舗では、平均28秒ごとに初めての売上を 上げる（前年は52秒）までにスピードが増したとしています。

図表02-1 Shopifyの流通総額（GMV）の成長率

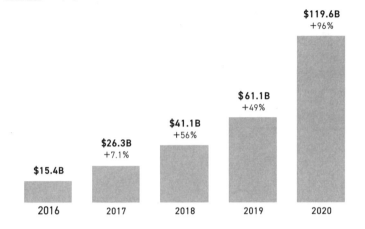

2016年からGMV伸び率。2020年に急成長率を遂げている
出典：Shopify-Investor-Deck-Q2-2021（https://investors.shopify.com/）をもとに作図

✓ Shopify は日本ではどのように普及していくのか

　このように、急激に普及が進むShopify ですが、このスピード感を実現している要素の1つに「**パートナーとのエコシステムの構築**」が挙げられます。2017年に日本へ参入を果たしてから、多くのパートナーの活躍と連携により、Shopifyは急速に日本国内で受け入れられてきました。今後もこの「エコシステム」がShopify の普及の鍵を握っているといっても過言ではありません[5]。

　Shopifyのエコシステムやパートナーなどとの協業のコツについては、本書第6章で詳しく説明します。

※3：Shopify Japan 株式会社「2020 年の Shopify 成長率を発表」2021 年 2 月 26 日発表（https://prtimes. jp/main/html/rd/p/000000067.000034630.html）

※4：**Shop**▶消費者が Shopify ストアで購入した商品の配送状況を確認できたり、お気に入りの Shopify ストアをフォローして商品情報のオススメを受け取ったり、位置情報に基づいて Shopify ストアを検索することができる iOS & Android 用アプリ（同上の出典より引用）

※5：2021 年の Shopify Unite の発表で、開発者が得るプラットフォーム上での最初の 100 万ドルに対して、Shopify のレベニューシェアが 0%に変わったことにも期待が持てる

Shopifyの「最大の強み」を まずはきちんと知っておこう

Shopifyの強みはさまざまあります。ここでは一般的に言われる「強み」に加えて、意外と知られていない「最大の強み」についてご説明します。

⊘ Shopify の代表的な強み

- 初期費用が非常に少なくて済む
- サーバー準備なしで、簡単にストアを立ち上げられる
- Shopifyアプリによって簡単に機能を追加できる
- さまざまなSNSと簡単に連携できる
- 世界中の決済方法や言語をカバーする越境ECに対応

　これらがShopifyの強みとして、さまざまなメディアで語られてきましたし、本書全体で詳しく説明する強みでもあります。

　確かに、Shopify アプリは全世界で7,000以上、国内向けに特化したアプリも100件を超え、機能が豊富であると言えます（2021年7月現在）。また、SNSとの親和性は非常に高く、Facebookメッセンジャーを利用したチャット対応、そしてFacebook・Instagram上からのショッピングカートへの誘導、TikTok連携などの機能が標準で搭載されているため、SNSとの連携も間違いなく強みと言えるでしょう。

　越境ECとの連携については、Shopify の一番の強みとして語られることが多いです。直近でも国別の税制の適用、あるいはプロダクトごとに価格調整が自動でできるようになり、誰でも世界へ簡単に自社商品の販売ができるようになっています[6]。

　しかし、これらの機能は、他のカートシステムやサービスにおいて

も、すべてでなくとも単体では提供されています。必ずしも「絶対的」な優位性とは言えないでしょう。しかし、実はこれらとは別に、Shopifyの「最大の強み」と呼べる特性があるのです。それをここではご紹介していきます。

✅ 「真」のSaaS型ECであること

Shopifyは「Google Workspace」や「Salesforce」などと同じような、SaaS（Software as a Service）型のサービスであると言えます。

日本国内にはASP[※7]と呼ばれるECプラットフォームは多く存在しますが、ECにおけるASPとSaaSの大きな違いの1つは、APIが全項目に対して準備されているかという点です。図表03-1は、**Shopifyが有するSaaS型の特性**を4つに分類したものですが、そのうち②「俊敏性」に当たる部分はAPIが準備されていることと関連します。APIの提供により、システムに柔軟性が生まれ、最新サービスといち早く連携することで、環境の変化にも常に適応できます。

また、APIが充実することは、昨今話題に上がるOMO[※8]の実現に

図表03-1 「真」のSaaS型ECが持つ4つの特性

①CLOUD 所有から利用へ
ECシステムにおいては扱う情報量が、すでに個人や企業の管理、処理能力を超えたレベルに達しているため、所有するのではなく「利用」と考える必要がある。

②AGILITY 俊敏性
環境変化にいち早く適応する俊敏性を持つ。世界中で開発が進められているため、最新のテクノロジーを素早く利用することが可能。

③LOW COST 低コスト
高額なライセンス費用、バージョンアップ費用は必要ない。特に、Shopifyではトラフィックによる従量課金や売上のマージンがなく、定額制となっている。導入コストを大きく低減可能。

④EFFICIENCY 効率性
最新バージョンへの更新やセキュリティ対策などの維持管理作業が不要。管理工数の削減につながる。

おいても必要不可欠です。リアル店舗を含めた複数の販売チャネル
を生かしたい方には、必須の特性と言えるでしょう。OMOのキモは
ECサイトのフロントエンドとプラットフォームの有機的な結合にあ
ります。図表03-2はその関係性を表したものですが、Shopifyにはこ
の結合を実現するさまざまな機能・サービスがあります。

強固なインフラを「利用する」

　さらに、ECプラットフォーム上において、「**インフラの制限を受け
ない**」点が実はEC運営において非常に大きなポイントとなります。
これは図表03-1に戻ると、①〜④すべての特性を満たす強みです。

　たとえば、人気商品の発売開始時にサイトにアクセスできなくなっ
てしまったら、大変な機会損失になります。LINEのお知らせやメー
ルマガジンを送ったら、サイトにアクセスが集中してアクセスできな
くなってしまった……という話も、よくあるしくじり談でしょう。こ
れらの問題をできる限り低減したいという要望は多く聞きますが、こ
れがSaaSプラットフォームであれば低減できると言えます。
　図中の特性①「所有から利用へ」は、Shopifyの強固なインフラと
システムの安定性について指摘した部分です。前セクションで述べた
ように、Shopifyは20万人同時アクセスに耐えるサーバーインフラを
持ち、監視もセキュリティも万全です。脆弱なプラットフォームに合
わせて売り方を変えることはナンセンスであり、顧客が望むことや
ファンにつなげる売り方を実現するためには、強固なインフラを自前
で用意するのではなく、「利用する」ことが近道です。Shopifyはこれ
を実現できている点が大きな強みと言えます。
　何かのタイミングで膨大なアクセスが発生しても、追加コストや変
動コストはかからず、セキュリティ対策やバージョンアップも自動で
行われ、サーバー監視などに気を揉む必要もない。極めつけは、世界

の最先端の機能が常に無償でアップデートされ続ける……。図中の③「低コスト」、④「効率性」もSaaS型であるShopifyの強みを支えている部分と言えます。

Shopifyのこのような SaaS 型の特性によって、**ユーザーは「商売に専念できる理想的環境」を超低コストで利用し続けることができる**のです。意外と知られていない「最大の強み」とは、まさにこの点にあります。これは、Shopifyが「真」のSaaS型ECであるという点に裏打ちされた強みであることがわかるでしょう。

図表03-2 オンラインとオフラインをいかに結合するか

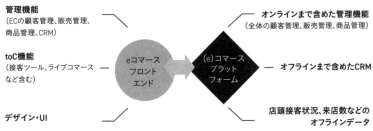

ここが同一（または）
有機的に結合できることが重要

管理機能
（ECの顧客管理、販売管理、
商品管理、CRM）

toC機能
（接客ツール、ライブコマース
など含む）

デザイン・UI

eコマース
フロント
エンド

(e)コマース
プラット
フォーム

オンラインまで含めた管理機能
（全体の顧客管理、販売管理、商品管理）

オフラインまで含めたCRM

店頭接客状況、来店数などの
オフラインデータ

※ただし、オンラインで完結するブランドであれば
eコマースフロントエンドにすべての機能を持たせるだけでも問題はない

※6：Shopifyブログ「2021年2月開催 Shopify Partner Town Hallのまとめ」（https://www.shopify.jp/blog/partner-town-hall-recap-2021-feb）

※7：**ASP** ▶「Application Service Provider」の略で、インターネット上でアプリケーションを利用するサービスやそのサービス提供者を指す

※8：**OMO** ▶「Online Merges with Offline」の略で、「オンラインとオフラインの統合」といった意味になる。詳細は本書第2章で解説（→ P.104）

D2Cと親和性が高いその理由

Shopify はD2Cと親和性が高いと言われています。実際に、アメリカでは多くのD2CブランドがShopifyを活用し、成長しています。その理由について解説します。

✓ ShopifyはD2Cに選ばれ続けるサービス

ECサイトをスピーディーかつ低コストで立ち上げられるShopifyは、アメリカでは多くのユニコーン（評価額10億ドルを超える未上場企業）により採用されています。なかでも近年は、世界で急成長するD2Cモデルを採用したブランドに多く選ばれる傾向があります。

D2CとはDirect to Consumerの略で、その名の通り顧客との直接コミュニケーションを武器に、自社ブランドの商品を直接販売するビジネスモデルを指します。たとえば、2020年、日本上陸が話題となったD2Cシューズブランドの Allbirds（オールバーズ）も、Shopifyマーチャント（ユーザー）として有名な一社です。EC市場で脚光を浴びるD2Cブランドにとって、Shopifyは「デフォルトのツール」とさえ言われています。

では、ShopifyがなぜD2Cと相性がいいと言われるのでしょうか？その理由は「Shopifyの最大の強み」を裏打ちする特性として紹介した、「SaaS型ECの4つの特性」から同様に説明可能です。

✓ SaaS型ECとの相性

まず、SaaS型ECの特性のうち「②俊敏性」を挙げてみましょう。これはShopifyの拡張性の高さを表しています。APIが準備されていることから、必要なアプリを組み合わせ、自社ブランドのニーズにあわせた「自分だけのECサイト」を簡単に構築できるわけです。ブラ

ンドの世界観や素早い顧客ニーズへの対応などを求められるD2Cでは、このような俊敏性は必須と言えます。

また、D2Cブランドは指数関数的と言ってよいほど、急激な成長を遂げることがあります。立ち上げ期に始まり、成長・成熟期とめまぐるしく変化する市場、顧客ニーズに対して、サービスの素早い改善やアップデート、それを支えるセキュリティ対策などは非常に重要な要素と言えます。それを実現するのが、「④効率性」の特性と言えますし、「②俊敏性」もしかりでしょう。そして、D2Cブランドの多くはスタートアップですから、「③低コスト」で始められる点も相性のよさとなっているのは言うまでもありません。

何より、D2Cが急激な成長を遂げていく場合、フェーズの変化にあわせてECプラットフォームを乗り換えることは、大きなマイナス要因となることには注意が必要です。顧客とのコミュニケーションを大事にするD2Cにとって、ストアそのものが停滞することは致命傷にもなりかねません。その点、強固なインフラを持つShopifyは、D2Cブランドに大きな安心感を与えます。「①所有から利用へ」という特性はこの安心感にもつながっていると言えるでしょう。

そのほか、D2Cブランドの多くが「越境」を意識しているのもポイントです。Section03でも触れた通り、Shopifyはその点においても大きな強みを持っており、国境を越えてEC展開を行おうと計画する事業者にとって、非常に相性のよいシステムと言えます。

このような観点から、ShopifyはD2Cブランドに選ばれ続けている、ということが大きな理由と言えます。

Shopifyの強み

SNSとのシームレスな融合 活用例を紹介

ShopifyはSNSとの連携に優れていると言われています。連携できるSNSはおもにInstagram、Facebook、Twitter、Pinterest、TikTokの5つです。各SNSの特徴と活用事例を確認していきましょう。

⊘ Instagram

　ECサイト運営には欠かせないInstagram。潜在層への認知形成から、ファン化まで、幅広いターゲットに対してコンテンツを発信することができます。さらに、フィード画面やストーリーから直接購買することができるため、ユーザーに認知された後の、購買のハードルを下げることができます。ブランドの世界観やユーザーとのコミュニケーションも取れるSNSとして、高い人気を集めています。

　たとえば土屋鞄製造所のInstagramアカウントでは、商品の紹介はもちろん、革製品のお手入れ方法やスタッフの愛用品、新作の開発秘話、製品に込められた想い、職人の技術や革素材の魅力を写真で発信しつつ、投稿を起点にコミュニケーションを行っています。商品にはすべてリンクが設定されており、「ほしい！」と思ったらそのままInstagramのアプリ内でShopifyに遷移し、購入まで完了します。

⊘ Facebook

　世界最大のSNSであるFacebookはコミュニティ機能が強く、ファン間のコミュニケーションや、ロイヤルカスタマー化を促すことができます。オーガニックの運用だけではなく、広告のカスタマイズ性や精度が高いため、狙った顧客層への認知形成に優れています。

　Facebookを上手く活用して、ファン形成や売上作成に役立てて

いるのが、「京都醸造」です。飲食店で地道に顧客リストを集め、Facebookページに招待し、リリース初日に完売させました。さらに、FacebookページをPR用にも活用し、新商品やイベントのリリース情報を定期的に発信し、ファンとの関係を構築しています。

また、BtoB向けにはメール、BtoCにはFacebookのMessengerを使いコミュニケーションを取っています。特に、一般消費者向けには手軽にやり取りができるMessengerとの相性が非常によいようです。

⊘ Twitter

Twitterは、おもに認知形成とUGC（User Generated Content；ユーザー発信のコンテンツ）創出に長けているSNSです。バズ企画や拡散企画を上手く活用すれば、早期の認知形成につなげることができます。さらに、Twitterは匿名が前提になることから、口コミなどのUGCが発生しやすい点もTwitterならでは強みと言えます。よりよいプロダクト作りや信用獲得のためには、欠かせないチャネルです。

TwitterをうまくかつようしているECサイトとしては、「CSTOYS International」が挙げられます。同社はおもに、おもちゃの越境ECを運営している会社です。

CSTOYS InternationalのTwitterアカウントをフォローすることで、自分の注文した商品がいつ発送され、どのように梱包されたのかがわかります。Twitterのタイムライン性を生かして、オンラインでもユーザーに安心感のある接客をすることができています。

⊘ Pinterest

Pinterestは画像をブックマークして集めることができるプラットフォームです。日本では普及しきっていませんが、世界で530万人が登録しています。特に30～40代の女性の間で使用されています。

Instagramが相互のコミュニケーションを促進するプラットフォー

ムですが、Pinterestはあくまでも情報収集ツールと位置つけられています。情報感度が高いユーザーが多いため、アーリーアダプターの獲得や潜在顧客層への認知形成に強みがあります。画像のみのプラットフォームで、ビジュアルで情報を伝えることが重要なため、アパレルや化粧品ブランドとの相性は非常によいです。

TikTok

「TikTok」アプリを通じて、Shopifyの管理画面から離れることなく、TikTok For Businessの機能にアクセスし、広告設定、配信を行うことが可能です。一度設定してしまえば、あとは商品を選択し、商品写真や動画をアップロード、自動カスタマイズされたサンプルのなかから選択し、ターゲットの顧客層と予算を決めるだけで、広告配信がすぐに実行可能となります。

本書で紹介するアプリ&サービスのリンク集をご提供

これから本書で紹介していくShopifyアプリやサービスへリンク集を、巻末の読者特典コーナーにてご提供しています（P.359）。本書を読み進めながら、アプリやサービスを実際に閲覧してみたいときには、ぜひご活用ください。

Shopify の強み

10分で構築できる簡便性

Shopifyの強みの1つは、簡単にサイトを立ち上げられる簡便性です。その気になれば、10分で「売れる」サイトを構築することも可能となります。その仕組みについて解説します。

✓ 本当に10分で作れるのか試してみよう

　Shopifyを実際に試してみたいけれど、何から始めたらいいの？ネットショップの立ち上げって、実際は作るだけでも大変なんじゃないの？　と思われている方も多いと思います。ここでは実際に「10分」で構築するフローを画像付きでご説明します。皆さんぜひトライしてみてください。

図表06-1 ストアを作成する

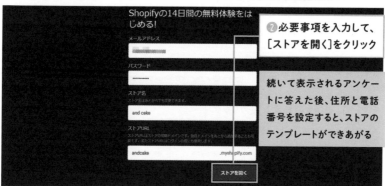

　実はこの時点でもう、**ストアの形ができている**状態なのです。テンプレートは後述する「テーマ」の1つが適用された状態で、あとはご自身のお店に応じたテキストや画像を差し替えていくだけで、オリジナルストアを簡単に構築できる仕組みとなっています。

　コンテンツの用意があるなら、次の［商品を追加する］と［テーマをカスタマイズする］の2つの項目もカスタマイズしてみましょう。

図表06-2 コンテンツを流し込む

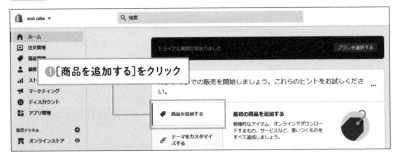

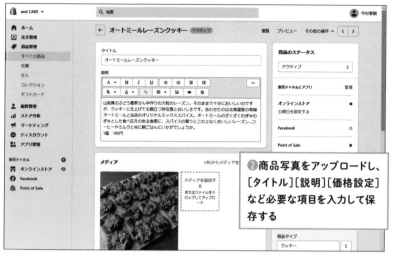

❷商品写真をアップロードし、[タイトル][説明][価格設定]など必要な項目を入力して保存する

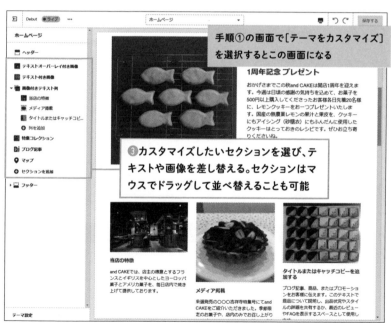

手順①の画面で[テーマをカスタマイズ]を選択するとこの画面になる

❸カスタマイズしたいセクションを選び、テキストや画像を差し替える。セクションはマウスでドラッグして並べ替えることも可能

　商品を追加し、テーマをカスタマイズするだけで、もうストアの外観は完成です。

✅ 豊富なテンプレート「テーマ」について

「Shopify themes」はShopifyの仕組みの1つで、「テーマ」と呼ばれるテンプレートを使ってECサイトのデザインを簡単に設定できるサービスです。テーマは無料のものから、世界中のさまざまなデザイナーが制作した有料のものまで、公式の「Shopify テーマストア」で80種類以上提供されています（図表06-3）。

無料のテーマであっても、高いデザイン性とストア構築に役立つ機能が豊富に搭載されています。また、有料のものであっても、$180程度と導入しやすい価格が設定されています。

図表06-3 Shopifyテーマストアへアクセス

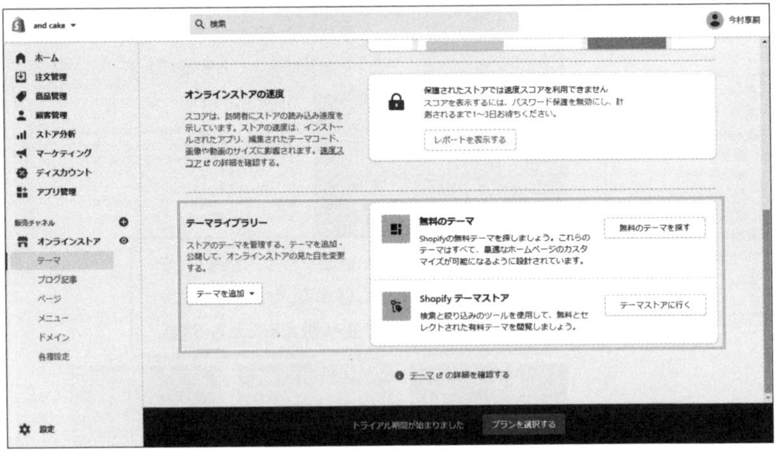

Shopifyの管理メニューの［オンラインストア］→［テーマ］→「テーマライブラリー」から無料から有料まで、さまざまなテーマを探すことができる

テーマは単なるデザインテンプレートではなく、「検索エンジンの最適化（SEO）」「マルチデバイス対応」「SNSアイコン」などの機能も併せ持っています。すべて無償で試すことができるので、自分たちの商売にちゃんとあったデザイン、機能なのかをしっかりと検証し、導

入することをオススメします。

　さらに、HTMLやCSSの知識があれば、これらのテーマをベースに自分好みにデザインをカスタマイズすることもできます。またもし、それが難しければ、Shopify パートナーに依頼することもできます。ブランディングにもとづいたテーマの選び方のコツについては、第2章で解説します（P.78）。

Point

Shopifyのプラン

　Shopifyでは、おもに次の4種類のプランが選べます。14日間の無料体験ができるので、まずはご自身のビジネスに合うかどうか試してみましょう。これ以外にも実は最上位のShopify Plusという特別なプランも存在します。それについては7章で解説します。

- Lite（月額$9）：ストアの構築はできないが、導入検討用にお試しができるプラン。POS Liteを使用した対面販売や既存のウェブサイトへの購入ボタンの追加を検討しているマーチャント向け。レポートの確認やギフトカードの発行などの機能も利用可能
- ベーシック（月額$29）：ECを始めたばかりで対面販売も不定期に行うビジネスに。小規模な事業者や個人ストアにオススメ
- スタンダード（月額$79）：オンラインまたは実店舗で販売を行う成長中のビジネスに。中規模な事業者や売上が増えてきた方にオススメ
- プレミアム（月額$299）：より詳細なレポート機能を必要とする拡大中のビジネスに。大規模なチームをお持ちの事業者にオススメ

※出典：「Shopifyの料金プラン」（https://www.shopify.jp/pricing）

使いかたのコツは低コストに、素早く、高速に「回すこと」

Shopifyを活用するさいに、Shopify の強みを最大限活かすためには、常に「80点を意識する」ことが重要になります。その極意についてご説明します。

⊘ 完璧なものは目指さない。日々の運用で改善していく

「ECサイトを作る」と聞くと、どうしても現実世界の「お店作り」を連想してしまい、できる限り完璧なものを作ろうとしてしまいがちです。しかし、これまで述べたとおり、Shopifyの強みは「初期費用が少なく、簡単にサイトを作れて、簡単に機能を追加できる」こと。完璧なものを目指して、多大なコストをかけ、オープンするまで長い時間をかけてしまうのであれば、**まずは80点でよいのですぐにオープンするほうがよい**です。

大切なことは、顧客の反応を見つつ、日々改善を積み重ね、そのフローの回転を「素早く行う」ことです。

お金をかけすぎてしまうと、どうしても「諦めきれない」気持ちが発生します。気軽にやってみて、ダメだったら次をすぐ試す。そんなやり方がShopifyには向いています。

完璧なサイトを目指し、数千万円をかけ、ECサイトの構築に2年かけたのに、リリースしたときには時代遅れになっていた……そんなことは回避したいものです。

⊘ 多くのECプロジェクトが頓挫する理由とその回避策

ECサイトのリニューアルを行うさいは、やはり多くのコストと労力がかかります。そのため、どうしてもそのコストと労力に見合う機

能とデザインを実現するために、多くの「時間」をかけてでも素敵な
サイトを作ろうとします。これは自然な流れです。

　しかし、ここで忘れてはいけないのは、「ECは日進月歩」だという
こと。そして、本当に必要とされていることは、「実際に使ってもら
わないとわからない」ということです。

　必要だと思っていた機能が、リリースしたら半分は必要なかった
……というのは往々にして発生している事象です。**まずは最低限でリ
リースし、その後少しずつ改修しつつ、時代の流れをキャッチし、次
の80点を作ってゆく……このサイクルを高速に回すことがShopify
の強みを最大限に生かす使いかたになります。**

　実際にあった事例として、アメリカと日本で展開しているブランド
のECが、リブランディングを機にそれぞれの国でECをリニューア
ルしたところ、日本では要件定義からリリースまで丸2年かかってし
まい、その間に本国はShopifyで合計10回の改善リリースをして、結
果的に大きな差がついてしまったということもあります。

Point

越境EC向けに世界中の決済方法や言語をカバー

　Shopifyは、顧客にあった決済方法を柔軟に提供できます。100以上の通貨
と現地決済方法を提供し、世界中の地域にあった決済を管理画面から選択、
設定ができます。

　またShopify公認のアプリを使ってストアを翻訳すれば、あらゆる言語に対
応可能です。テーマにはあらかじめ複数言語に対応しているものもありますの
で、その場合は自動翻訳などを行わずとも、違和感のない言語ですぐに越境
ECの実現が可能です。また、予配達前に顧客に関税を確認してもらうことで、
予期せぬ関税や請求を避け、顧客体験を高めることができたり、新しい国や
地域の市場への参入にあたって、価格と利幅を設定することもできます。

　越境EC構築の極意については、第3章のコラムを参考にしてください。

日本の EC サイトは
Shopify をどう活用しているのか

国内での活用事例も増え続けているShopify。ここでは本書の著者陣がサイト構築等でお手伝いさせていただいている事例のうち、Shopifyの強みをうまく生かしたEC運営をされているところをご紹介します。

◼️ o0u（オーゼロユー）

URL：https://o0u.com/
商品：アパレル

ブランド・ストーリーを伝えるデザインとシステムの融合

　サステナブルな素材や製造技術にもこだわりながら、D2C モデルを軸とすることで高品質な商品を手に取りやすい価格で提供する——— そんな思いで立ち上げられた新ブランドの EC サイトを、Shopify で構築しました。基幹とのデータ連携支援、デザインの実装、アプリ実装など、見た目だけでなくフロント・バックエンド含めた機能面を多岐にわたり、細かく叶えた事例です（南茂）。

■ダンデライオン・チョコレート

URL：https://dandelionchocolate.jp/
商品：食品

ブランドの世界観を反映したデザインで、魅力を発信

　トッド・マソニスとキャメロン・リングが2010年にサンフランシスコで創業したBean to Bar チョコレート専門店「ダンデライオン・チョコレート」の日本オフィシャルサイト。ブランドの世界観を反映し構築したデザインをShopifyテーマで再現しています。こだわりのチョコレートやカカオを使ったギフトを購入できるだけでなく、さまざまな角度から魅力を語るコンテンツを発信（南茂）。

■ブルーボトルコーヒー

URL：https://store.bluebottlecoffee.jp/
商品：食品

初のオンラインストアをShopifyで。ブランディングを強化

　スペシャルティコーヒーをカルチャーとして提供するブランド「BLUE BOTTLE COFFEE」初の自社オンラインストア。オンライン上での「ブランディングの強化」をめざしたWebデザイン構築を行い、サブスクリプションでのコーヒー販売、メールマーケティング、メンバーシッププログラムといった機能も、アプリで実現しています（南茂）。

▨ HERALBONY（ヘラルボニー）

URL：https://heralbony.com/
商品：雑貨

「アーティストファースト」を体現する顧客設計

　日本全国の福祉施設に所属するアーティストとともに、新たな文化の創造を目指す岩手県発のアートライフブランド、HERALBONY。

アーティスト作品を選ぶ場として、ECサイトをShopifyで立ち上げました。「アーティストファースト」というブランド思想を取り入れ、購入前の導線や購入後商品が届くまでの期間に、アーティスト情報をお客様に持ち帰っていただけるような体験設計を意識しています（南茂）。

▨ homeal（ホーミール）

URL：https://homeal.co.jp/
商品：幼児食

デジタルと人を融合したShopify CRM

　homealでは、管理栄養士監修の幼児食診断をもとに子どもにカスタマイズされた幼児食を販売しています。また、幼児食診断の

データをもとに、子供の食事や育児に役立つコンテンツもShopifyのCRMアプリで配信し、商品を提供するだけでなく、育児全般の支援もしています。一方で、チャットで幼児食についての相談に一人ひとり丁寧に対応し、デジタルと人を融合したCRMを実現しています（黒瀬）。

■飛騨牛販売指定店 − 養老ミートオンラインストア

URL：https://www.hidagyu-yoromeat-honten.com/
商品：精肉、食品、調味料

高い技術力とクリエイティブの融合により実現した次世代EC

　飛騨牛・大田中牛・養老山麓豚など安心と美味しさにこだわった
ブランド肉を販売する岐阜の「養老ミート本店」のECサイト。ク
リエイティブ表現において多数の受
賞実績を持つクリエイティブチーム
「STUDIO DETAILS Inc.」が、自動販
売機になりがちな日本の食品ECのあ
り方を根本から再定義し、ECサイト
でのお買い物体験を新しい次元に昇
華したShopifyの活用例のなかでも特
に先進的なサイト。Next.js Commerce
＋Vercel＋Shopifyを活用（河野）。

■ MN ONLINE STORE

URL：https://mn-cosme.com/
商品：カスタマイズメイクパレット

260万通りのカスタマイズが可能なメイクパレット販売

　「MN（エムエヌ）」は伊勢半初のD2Cブランドです。「MY MIXED
PALETTE」は決まった色の組み合わせの販売ではなく、自分の意思
でパレットを彩るライフスタイルや
趣向に合わせたコスメの買い方を提
案します。アイシャドー、リップ＆
チーク、ハイライトのアイテムが50
色のなかからカスタマイズでき、「個
性の尊重」を望む人々のそばにあり
続けたいというMNのブランドコン
セプトを反映したオンラインストア
となっています（黒瀬）。

■益子WEB陶器市

URL：https://toukiichi.mashiko.online/
商品：益子焼をはじめとしたクラフト品

ファンと一緒に作り上げた陶器市

　益子WEB陶器市は、毎年、益子町で開催されている陶器市のオンライン版です。新型コロナウイルスの影響で中止になり、楽しみにしている顧客や、陶器作家、販売店のために、急遽オンラインで開催されました。短期間での準備ながら、陶器や陶器市の熱心なファンにSNSを通じて広まり、広告を行わなかったにも関わらず、3週間の開催期間中に、6000件弱の注文、想定の4倍となる4700万円以上の売り上げを獲得しました（黒瀬）。

■オリオンビール

URL：https://shop.orionbeer.co.jp/
商品：アルコール飲料及びグッズ

旧システムからのリプレイスで売上大幅アップ

　経営方針の転換により、県外のファンを獲得するための武器としてECサイト改善のテコ入れを実施しました。Shopifyを選択した理由は"拡張性"です。開発ができたり、パートナーが制作するアプリがあるので、試したい機能があったさいに開発期間を短くできるということが魅力でした。加えて管理画面のインターフェースがわかりやすく、特別なトレーニングがなくても現場で使いこなせています（井澤）。

Shopifyが苦手なこと

ここまで、さまざまな強みと実例を紹介してきたShopify。一見すると完璧な仕組みに見えますが、当然「弱み」もあります。ここではその弱みについて、詳しく紐解いていきます。

✓ Shopifyの最大の弱点

　Shopifyの最大の弱点は、「日本特有の商習慣への適応には、まだまだ時間がかかること」です。

　具体的な機能面で言うと、代引き決済です。Shopifyには決済手数料という項目が存在しません。日本製のECプラットフォームが配送時に連携するために出力するCSVには、必ずといっていいほど存在する「決済手数料」という項目です。多くEC事業者はこちらに代引き手数料を入れていると思います。しかしShopifyにはこの項目がなく、さらには代引き手数料を追加して請求すること自体がそもそもできません。そのため、「代引きがほとんど」というEC事業者にはオススメできません（図表09-1）。

　また、使いこなすのにそれなりのリテラシーが求められます。日本のECプラットフォームのサービス提供者には大体営業担当の方がいて、申し込みなどを逐一対面で説明してくれたり、紙ベースやExcelベースの申込書が用意されていたりします。しかしShopifyの場合はすべてオンライン上で解決し、営業担当者が存在しません。お申し込みに電話もありませんし、サポートもオンラインのフォームのみ。そのため、電話や対面での申し込みやサポートを望む場合、Shopifyはオススメできません。

図表09-1 Shopifyがデフォルトで対応できない機能まとめ

機能名	対処法
代金引換の手数料	管理画面で設定をすることで、利用自体は可能だが、決済手数料を加えることはできない。現状、「代引きがほとんど」というEC事業者にはオススメできないが、それでも対処法を知りたい方は第3章 P135を参照
配送日指定	デフォルトでは非対応。アプリによる対応は可能だが、使用するOMSやWMSとの相性による（詳細は第3章 P119、P123などを参照）
ギフト・のし対応	デフォルトでは非対応。アプリによる対応は可能だが、使用するOMSやWMSとの相性による（詳細は第3章 P119、P123などを参照）
領収書発行	デフォルトでは非対応。アプリによる対応は可能（詳細は第3章 P120を参照）

※2021年7月現在の情報。今後のアップデートにより改善される可能性があります

✓ 使いこなせるかどうかは自分達次第

　Shopifyは「ECを簡単にするサービス」ではなく「ECを簡単にするアプリケーション」です。何かをやってくれるサービスではなく、自分達で使いこなす「アプリケーション」と言えます。どうしても難しいところや、プロの手を借りたい場合は「Shopify公認パートナー」の力を借りることができますが、まったく何もわからない状態だと使いこなすことはできません。

　Shopifyは「自分達の手で使いこなす」ことが最も重要になるので、「自分達の手で使いこなせない」「外部に丸投げしたい！」という場合は、あまり向かないサービスと言えるでしょう。

Point

Shopifyは日本的なものは苦手
あくまで海外で作られたサービスであるということを前提に！

ECビジネスで
活用するための
基礎知識

どのようなユーザーが Shopify を使うと効果的なのか

機能拡張・デザインの自由度・インフラの堅牢さなど、さまざまな面で魅力的なサービスであるShopifyですが、どのようなユーザーに向いているサービスなのでしょうか。設計思想や、サービスの特徴から紐解いていきます。

✓ ライトな気持ちで、スピーディーにストアを立ち上げたい方

「ブランドを立ち上げたばかりで、スケールしていきたい気持ちもある」「Webサイトを作るためのスキルも技術もないけれど、商品を世に出したい……」といった感覚の方でも、思い立ったら簡単にストアを立ち上げることができるのが、Shopifyの強みです。

　と同時に、システムを使いこなしてやろうという気概があればあるほど、デザイン・機能面・サービス面において、思い通りにストアを発展させていくことができるのもShopifyです。サイトを運営していくうちに要件が膨らんでいったときにも、それらを受け止める土壌が整っています。ですから、Shopifyをオススメできるユーザーは、

- 「とりあえずやってみよう」という人
- 中長期的にECを運用していきたいが、具体的なプランはまだないという人

　これくらいざっくりと考えている人でもOKです。ベーシックプランは月額$25（2022年8月現在）から、**トライアルは2週間無料なので、まずは気軽な気持ちでストアを立ち上げてみましょう。**

　自身の要望にマッチしていればそのまま使い続けてもよいですし、

「機能が多すぎる、使いこなせない」と感じるようであれば、月額が抑えられ、機能面もシンプルなBASE、STORESなどのプラットフォームを選んでもよいかと思います。

　また、あくまで月額費用のみのチャージとなり、アクセス数や購入数などによってランニングコストは変動しないので、**突発的な限定販売ストア・短期間のみ開設予定のイベントストア**（たとえば、**福袋販売**）**などにも活用できます。**

✅ ストア（ブランド）に関わる全メンバーで運営したい方

　Shopifyはコマース（小売り）体験を豊かにするといったコンセプトのサービスです。技術的な素養がある人のみならず、コマースに関わるすべての人に扱いやすく作られており、なおかつ、オンライン・オフライン販売両方の情報を一元管理できるように設計されています。また、スタッフごとの権限管理で、顧客情報などの取り扱いに注意が必要な情報はアクセスを制限することもできます（図表10-1）。

　最終的にはShopifyを基軸にチームワークを築いていく姿が理想型と言えるでしょう。そのため、**ブランドに関わるメンバー全員でShopifyを操作し、チームで使いこなしていこう、というスタンスの方々に、ぜひ使っていただきたいサービス**です。

✅ 自発的にトライできるスタンスがある人やチーム

　Shopifyは「サポートも手厚く、導入さえしたら、何でもできるし全部楽になる」といった類のサービスではありません。あくまでコマースに必要なコア機能を提供し、デザイン・機能などの拡張できる土壌を提供しているに過ぎません。導入手順も何もかもがシンプルかつスピーディーですが、使いこなすのは担当者自身になります。

　Shopifyは全世界的に利用されており、日本でもどんどんユーザーの輪が広がり、日々たくさんの情報が発信されています。また、プ

ラットフォームのアップデートも頻繁に行われます。こういった情報に自らアクセスし、ストア運営に活かし、**トライアンドエラーを繰り返せるようなバイタリティのあるスタンスの方**、もしくは、そのような気質があるチーム・企業・担当者こそ、恩恵に授かれます。

図表10-1 チームでストア運営しやすい

管理メニューの［設定］→［ユーザーと権限］を開くと、スタッフやコラボレーターを追加したり、アクセス権限を設定したりできる

既存店舗主がShopifyに乗り換えるさいの確認事項

ECシステムを乗り換えるさいにはさまざまな制約が発生します。ここでは特にShopifyにおいて留意すべきポイントについて解説します。

✅ Shopifyへのフィット＆ギャップ

そもそも論になりますが、Shopifyへの乗り換えに限らず、まずは検討しているストアの要件が採用するシステムに適切かどうかを冷静に見極めることが大切です。

すべてが叶う夢のシステムはありません。乗り換えようとしているプラットフォームがどのようなブランドに向けたサービスであるのか、そしてそれが自分たちのやりたいことに適合しているかをチェックしてください。

Shopifyに乗り換えるさいの、大まかなチェックポイントは以下6点です（本書執筆時2021年7月現在の情報に基づいています）。

✅ ①カナダ発のECプラットフォームである

代引決済、お歳暮やお中元などのギフトを想定した複数先配送など、日本の商習慣にちなんでいる機能はコア機能として搭載されていません。

社内運用のフロー・ECサービスの提供コンセプトとして、**特に日本のギフト系プラットフォームにあるような、日本の商習慣にちなんだ機能が必要な場合、十分に比較検討をする必要があります。**

ただし、日本の商習慣にフォーカスしたアプリは、次々に開発されており、今後リリースされていくと想定されます。

また、現状有力なアプリ開発は海外のほうが進んでいるため、サポートとのコミュニケーションも英語で行うケースが多くなります。いずれ充実してくるものと想定されますが、**日本語でのサポートが現時点でマストである場合は十分に留意してください。**

②フロントエンドはテーマで実現する

Shopifyのストアフロントデザインは、基本的には「テーマ」と呼ばれるデザインテンプレートを使って実現していきます。テーマはマルチデバイスでの閲覧を想定して構築されているため、デバイス対応のために特別なコストはかかりません。管理画面からデザインのディティール（色・タイポグラフィ、ヘッダーデザインなど）、コンテンツ（テキスト・画像・リンク設定など）を調整することができます。各テーマごとに2〜3個のデモサイトが用意されているほか、テーマを使った実際のストアも紹介されており、そこからテーマの機能を使って作れるデザインの幅を確認することができます（図表11-1）。

図表11-1 Shopifyのテーマストア

ブラウザ上で色の違いやデモを確認できる。マルチデバイスにも対応

テーマはそれぞれデザインのテイストやフロント機能に特徴を持っており、90種類程度のなかから選ぶことができます。無料と有料のテーマがあり、有料テーマは$250〜$350程度の間で買い切りで購入することができます。

　購入前には、テーマをトライアルでストアに導入することができるので、試しにストアを作って自ブランドとの相性を見るのがよいでしょう。ストアロゴ、商品写真やテキストなどがあるとイメージが湧きやすくなります（Section17参照）。

日本語表示の確認とカスタマイズについて

　Shopifyの魅力のひとつである、スピーディーなストア立ち上げを実現したい場合は、テーマストアで購入したテーマをそのまま利用するのが一番の近道です。しかし、テーマは現状、ほぼ英語を主言語としたストアを想定して作られているため、**ひらがな・カタカナ・漢字のテキストを入れた場合に、しっくりこない場合も**あります。

　テーマのカスタマイズで対応できる以上の、細かな余白の調整などを行いたい場合は、コード編集をする必要があります。HTMLやCSSの知識とShopifyのファイル構成の概要が把握できているスタッフがチームに在籍していて、直接対応したりパートナーに依頼することができれば難しいことではありません。しかし、**完全にノーコードでのサイト構築を想定している場合は、対応できる範囲がテーマの仕様によることを想定しておいてください。**

　また、完全オリジナルでテーマを開発することもできます。既存テーマ導入による構築と比較するとスピード感は損なわれますが、テーマを開発することでオリジナル・デザインのストアを構築することも可能です。

Shopifyでは、サービスにデフォルトで実装されているコア機能以外の機能は「アプリ」で追加していきます。Shopify本体だけでなく、開発パートナーによってさまざまなアプリが開発されており「アプリストア」にて探すことができます。料金形態はアプリの提供元によって異なりますが、多くは利用にあたり月額が発生します（無料のものもあります）。

自分のサイトで実現したい機能に近いアプリを導入することで、コア機能以外の機能を実現していきます。すでに実装されている機能を導入する形式になるため、要件定義・開発期間を挟まず、すぐにその機能を使うことができます。

図表11-2 Shopify アプリストア

コア機能以外はアプリを追加することでカスタマイズするのが基本

アプリ導入時の注意点

アプリは基本的に、そのアプリの仕様外のことはできません。その

ため、場合によって**業務そのものをアプリの機能に合わせる必要も出てきます**。

　もし、ストアオリジナルの機能を実装する必要がある場合は、別途アプリを開発する必要があり、相応のコストが発生します。開発コストやアプリの管理コストをかけてまで実現するべき機能なのか、十分に検討をする必要があります。

　また、外注先の開発会社のアプリを利用する場合、**サポートはその開発会社から受けることになります**（月額費用にサポート料金が含まれているケースがあります）。サポート窓口は一本にまとめたい……などといった場合には、ご注意ください。

✅ ④ディレクトリ構造が特殊である

　サイトリニューアルの場合は既存ページの移行などに伴い、画像やCSSファイルの移行を検討されることがあると思います。

　Shopifyのファイル構造上、画像やCSSファイルは、「ファイル」機能からアップロードするか、テーマのディレクトリ構造のなかの画像、CSS、JavaScript類は「assets」というディレクトリ配下に格納することになります。

　双方に共通して気をつけなければいけないポイントは、**ディレクトリを入れ子にして格納ができないという点**です。

　また、**個別のページを作成する場合、必ず「https://（ドメイン）/pages/」配下にページが作られることになり、pagesディレクトリ以降に別ディレクトリを入れ子にすることができません**。

　独自のコンテンツなど多くのページを保有しているサイトの移行の場合は、ものによっては思い切ってすべて一新する、アーカイブサイトを作り、徐々に移行を進めるなど、慎重に検討する必要があります。

⑤商品の検索軸としてカテゴリの入れ子構造を 作ることができない

Shopifyの商品に紐づけることができる絞り込み条件は以下になります。

- 商品タイプ（1商品に対し1種のみ）
- 販売元（1商品に対し1種のみ）
- コレクション（1商品に対し複数種設定可能。コレクション同士の掛け合わせ検索はできない）
- タグ（1商品に対し複数種設定可能。タグ同士の掛け合わせ検索、タグのカテゴリ分けなどはテーマの機能やアプリなどを活用することで可能）
- 価格

特に通常よくある「カテゴリ」に該当する絞り込み条件はShopifyでは「コレクション」に該当しますが、コレクション含め、**すべての絞り込み条件はそれぞれで掛け合わせることはできても、入れ子構造にすることはできません。**

検索機能を充実させたく、子カテゴリ・孫カテゴリといったような入れ子構造の商品管理を想定している場合は、特に要注意です。

⑥月額利用料の支払いがクレジットカードのみの 対応である

Shopifyの月額利用料、またアプリ・テーマの購入を含め、Shopifyを経由して利用するすべてのサービス利用料の支払いは、クレジットカードのみ対応可能となっています。

請求書や口座引き落とし対応などは行っていないため、企業の体制としてクレジットカードを用意することができない場合は、Shopify

の導入にあたって大きなハードルとなるでしょう。

✓ 無料お試し期間などを利用しての検証が不可欠

　システム乗り換えにさいしては、Shopifyに限らず、業務・サービスのコア部分をいかにシステムに当てはめられるか、自社の運用を最適化し調整していけるかを検討することが不可欠になります。

　Shopifyは2週間の無料お試し期間があり、月額の最小プランも$29からあります。

　自社サービスとの相性がよいかどうかを実地で検証してみるために、まずは実際にストアを立ち上げ、**実運用を想定しながらプロトタイプを構築し、検証してみるのがベスト**です。

　必須機能に優先度をつけ、必要に応じて精査しながら実現可能性を検証していきましょう。

ECビジネスで活用するための基礎知識

Shopify アプリの仕組みと種類、エコシステムを理解しよう

先述したように、Shopifyではコア機能の以外の拡張機能を、アプリで提供しています。実はアプリには大きく2つの種類があり、それらの開発と提供の仕組みは、Shopifyのエコシステムを根幹から支えています。

Shopify はアプリで機能を追加できる

Shopifyアプリストアには、管理メニューの「アプリを追加」→「Shopify アプリストアでアプリをさらに探す」からアクセスできます（図表12-1）。2021年7月現在7,000以上ものアプリが提供されており、EC運営者の多様なニーズに応えています。

図表12-1 アプリを探す

アプリは大きく分けて、「パブリックアプリ」と「プライベートアプリ」の2種類が存在します。

✅ 誰でも簡単に導入できるパブリックアプリ

パブリックアプリはShopifyアプリストアに並んでいるものが該当します。Shopifyのコア機能の開発スタッフとは切り離されたパートナーによって開発されており、Shopifyのコア機能のアップデートとは別スパンで定期的にアップデートされ、その時々のニーズになぞらえたものがタイムリーに開発され、アプリストアに並んでいきます。

アプリ自体の保守・サポートもアプリ開発会社が行っており、チャットなどでサポートを受け付け、ユーザー数が多いポピュラーなアプリなどは、かなりスピーディーな返答が得られます。

開発工期・費用ともに必要なく、利用している間は月額を支払い続ける必要がありますが、必要なくなったら解約もできます。一時的に必要なものを必要な期間だけ、試しにやってみたい、といったことが試しやすいのが利点です（図表12-2）。

パブリックアプリの特徴まとめ

- アプリストアに並び、誰でも簡単に導入できるアプリ
- 通常は月額料金がかかる。最低10ドル程度〜。従量課金制のものもある
- Shopify純正アプリは基本的に無料

✅ 独自に開発するプライベートアプリ

パブリックアプリに対し、**プライベートアプリはストア専用に設計されたアプリ**です。パブリックアプリに要件を満たすものがない場合、もしくはストア独自の仕様をふんだんに盛り込む必要がある場合に開発されます。Shopifyのコア機能を改修するのではなく、API連携で外づけするような形での実装になります（図表12-3）。バグを極力

図表12-2 パブリックアプリの仕組み

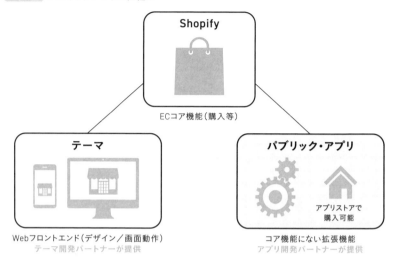

ShopifyのECコア機能には直接影響を及ぼさない仕組み

避け、コア機能に影響を及ぼさずに追加開発がしやすいような仕組みと言えますが、サーバーの準備や管理、プログラムの保守は運営ストア側で持つことになります。

プライベートアプリの特徴まとめ

- そのストア専用に開発されたアプリ
- 別途サーバーを準備し、Shopify APIを使ってデータアクセスを行うプログラムを構築する
- 自社でサーバー管理・プログラム保守を行うため、Shopifyの基本料金に加えてサーバー費用がかかる

図表12-3 プライベートアプリの仕組み

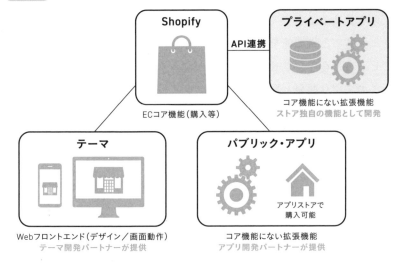

独自に開発したアプリをAPIの連携によって外づけするようなイメージ

✅ アプリを基盤としたエコシステム

　Shopifyのサービスの特徴の1つとして、「Shopify公認パートナー」の存在が挙げられます。ShopifyパートナーはShopifyプラットフォームを利用し、コマースを盛り上げるメンバーの総称で、パートナー活動の1つにアプリの開発・提供が含まれています（ここでは、そうした役割を担う者を「開発パートナー」と表記しています）。

　プラットフォームをともに盛り上げる存在として、Shopify公認パートナーの存在を重視しています。開発パートナーの多くもその思想に共感し、パブリックアプリのリリースや、プライベートアプリの開発を行っています。

　パブリックアプリはShopifyが審査したのち、バグが発生しているものはリジェクトされ、一定の基準値を満たしたアプリのみがストアに並ぶようになっています。また、開発パートナーは多くの場合、月額料金をもらいながら安定したサービスをマーチャントに提供して

います。マーチャントは通常ECサイトの開発にかかるような膨大な工期を抱えることなく、多くの選択肢のなかからストアを立ち上げ、フェーズごとに機能をアップグレードしたり、切り捨てたりすることでビジネスを成長させていくことができます。

　このアプリ開発と提供のエコシステムは、追加機能の開発をしすぎて結果的に身動きが取れなくなることもなく、その時々で取捨選択をしてビジネスをスケールしていくために有効な仕組みと言えます（図表12-4）。

図表12-4　アプリ開発と提供のエコシステム

Eコマース以外の活用法
Shopifyはいろいろな目的に使える

安定したインフラ・カスタム幅を備えたカートシステムとしても優秀な
Shopifyですが、一方でCMSとしても十分に機能し、ブランドに関連するあ
らゆる活動のプラットフォームとして活用できます。

✅ CMSとしても十分に活用できる

Shopifyはメンテナンス性が高い「テーマ」という仕組み、アプリ
による拡張性と安定したインフラを兼ね備えています。カートシステム
としてはもちろんのこと、**シンプルにCMSとしても活用すること
ができます**。システムを有効活用し、スピーディにブランドのタッチ
ポイントを作り出しましょう。

企業サイト・ブランドサイト

ストア構築と同様に、Shopifyのテーマを活用すれば、クオリティ
の高いデザインでブランドや企業にまつわる情報を集約・発信する
Webサイトをスピーディかつ簡単に構築することができます。

たとえば、グラニフのコーポレートサイトでは、テーマのベースを
生かしながら、ブログ機能で各種ニュースを管理・掲載し、オリジナ
ルに作り込みたいページはコードを書き、システム的にもコンパクト
に構築しています（図表13-1）。

ブログ機能の活用

Shopifyではカテゴリを分けてブログが作れるので、用途によって
情報を分けて掲載していくことができます。サイトの更新情報や、プ
レスリリース、ブランドのニュースなど、まとめて一覧させること

図表13-1 企業・ブランドサイトの例

出典：株式会社グラニフ コーポレートサイト（https://www.graniph.com/）

も、カテゴリごとに一覧を出し分けることもできます。

問い合わせ窓口

　各種問い合わせの受け皿として、フォームを設置することもできます。

　フォームはShopifyのデフォルト機能でも実現できます。自動返信メールの送付、画像添付機能、条件分岐、データダウンロードや管理画面でのメッセージ管理など、機能面にこだわりがある場合はアプリと連携することもできます。いずれも、大きな開発は必要なく、簡単なソースコードの編集、あるいはアプリの導入で完了します。

オンラインギャラリーとして

　サイト上でアートワーク（絵画など）の写真を複数点展示し、オンラインギャラリーとして活用する例もあります。

　図表13-2は老舗の画廊として知られる、ホワイトストーン・ギャラリーの活用例です。作品の細部まで見せるためには高画質の写真が必須となりますが、アーティストをインデックスして検索できるよう

にしたりと、Webならではの見せ方が可能です。

　同オンラインギャラリーでは、絵画・作品の特性上、購入に関しては現状問い合わせを介してのみの受付となっていますが、このようにして購入経路に応じ、機能を制限することも可能です。また、アプリによって多言語にも対応しています。

図表13-2　オンラインギャラリーの例

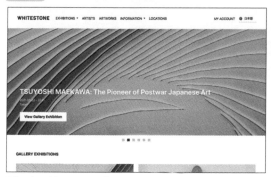

出典：ホワイトストーン・ギャラリー（https://www.whitestone-gallery.com/）

　なお、翻訳アプリは自動翻訳・手動翻訳を併せ持つものから、自動翻訳のもののみなど幅があります。予算と対応できる範囲、またサイトに求められる翻訳クオリティによって選択・導入しましょう。

オウンドメディアとして

　カテゴリごとにブログを立ち上げ、タグ、Auther（作者）を設定する機能を活用し、オンラインストアと連結したオウンドメディアサイトを構築することもできます。

　図表13-3はアパレルブランド「O0u（オー・ゼロ・ユー）」が運営するライフスタイルマガジン「Me & THE EARTH（ミー・アンド・ジ・アース）」のWebサイトです。通常は商品が主役になりがちですが、メディアサイトとして細かくデザインカスタマイズを行った事例になりま

図表13-3 オウンドメディアの例

出典：00u「Me & THE EARTH」 (https://o0u.com/blogs/journal/)

す。ブログの作者・タイトルなど、魅力的に見せ、絞り込むタグ機能も既存の機能を生かし構築しています。

　このように、ブログのデザインを軸にテーマを選択し、調整を加えるだけでオウンドメディアを最速で立ち上げることができます。もちろん、無料テーマをカスタマイズすることで、オリジナルデザインでの構築も可能です。

スケール予測がしづらい
ビジネスへの対応幅が広い

管理や運用コストの増大、高度なセキュリティが確保できないといった課題を、Shopifyはコストと柔軟性の両面から解決します。

✓ 限定販売などの急激なアクセス増が望まれるサイトに有効

　通常、メディア露出や限定販売などアクセスが急増すると想定される場合、ストアのインフラが耐えきれずアクセスできなくなり、購入機会が失われるといったことが懸念されます。高負荷の状況でも、ストアとしてスムーズな購入を担保したい場合、アクセス規模を予測し、適切なタイミングでストアのインフラを拡張・縮退する、もしくは最大値に合わせたインフラを常時整備しておくなどの対策が必要になります。

　たとえば、次のようなケースです。

- 期間限定の販売サイト（販売終了後は縮退・サイトクローズ）
- 販売スケジュールが決まっており、発売日にあわせてアクセスが定期的に増減するストア
- ある特定の商品の人気が高く、入荷とともにアクセスが激増するストア

「アクセス急増が予想されるためストアを拡張する」と一言で言っても、拡張計画を立てるだけでなく、実際に拡張している間はそれだけコストがかかります。クラウドサービスなどを利用しているのであれば、縮退させるといったことも可能ですが、ピークが過ぎたらストア

を縮退しなければなりません。こういったインフラ対応に関しては
EC運営における大きな悩みの種であり続けてきました。

　Shopifyは多くのASPサービス同様、従量課金制ではなく定額制で
す。特にストア側の要望を受けて拡張を行うなどといったサービス提
供は行っていませんが、**20万人同時アクセスに耐えるインフラを提
供しているため、大体の負荷に耐えられる、と考えてよいでしょう。**
このインフラ体制はShopifyのすべてのプラン共通で提供されている
ので、アクセス増に振り幅があるサイトでも、インフラ面においては
安定したパフォーマンスを維持できるでしょう（図表14-1）。

図表14-1　盤石のインフラ体制

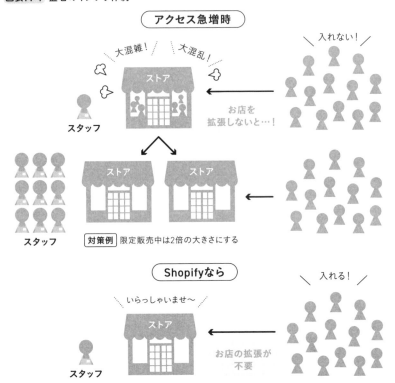

　ビジネスがスケールし、売り上げを伸ばすにつれ、より豊かな顧客体験を提供する・効率的に運用を行うといった側面から、ストアの機能・フロント面の改善・インフラ面を拡張していくことになります。

　大体のプラットフォームは、ターゲットとする売上規模に特化したサービス設計を行っていますが、Shopifyは特に**購入・ストアインフラといったコア機能に関してはすべてのレンジの売上規模に対し、ほぼ同等のサービスを提供するような基本設計**となっています。あらゆる状況下において「安全・確実に購入できる」「購入情報をしっかり管理できる」ということは、当たり前のことのようで、オンラインストアにとっては最重要の要件です。

　コア機能はストアに必須と考えられる最大公約数の機能をハイクオリティで備えており、結果、個人商店レベルのミニマムなストアからナショナルブランドのECまで、さまざまな規模感のストアがShopifyを利用するに至っています。

　また、機能面に関しても、状況に応じて必要な機能をアプリによって実装できる設計になっていることも、スケールのしやすさにつながっています。リアル店舗にたとえれば、大規模改修工事が不要で、必要な設備を運び入れることで課題を解決できる、といったイメージです（図表14-2）。

図表14-2 ストアの大規模改修は不要

アプリ／API

システムのカスタマイズ

ストア

できます！　　　　　できません！

必要な設備を
運び入れよう！

お店を工事して
変えよう！

Point

さらなる改善を望むなら

　Shopifyの基本プランであるベーシック、スタンダード、プレミアムプラン
では、コア機能に近いカート以降のフローをカスタムすることはできませんが、
エンタープライズプランであるShopify Plusへグレードアップすることで可能
となります（本書第7章参照）。独自のビジネスを多角的に展開しようとするユー
ザーが多いShopify Plusプランでは、専任担当者がつき、ビジネスのスケー
ルに合わせてプラットフォームを改善するサポートを行います。
　基本3プランのShopifyで扱っているデータはそのまま引き継ぐ形でのグ
レードアップとなるため、ビジネス初期からのデータを継続して持ち続けるこ
とが可能となります。

ノーコードツールなので
誰でもオンラインストアを始められる

ソースコードの記述をせずにWebサービスやアプリなどが開発できるサービスをノーコードと言います。オンラインストアの運用にWeb関連のスキルは必要不可欠ですが、Shopifyはそれらを極限までシステム化しています。

✓ 専門的な技術なしでも運用・管理が可能

オリジナリティあるデザイン、便利な機能、高いセキュリティ……オンラインストアに求められるものを挙げていくと、キリがありません。さらには取り扱う商材がアパレルか、食品か、サービスかなど、ブランドのイメージによって求められるものは異なります。

しかし、**Shopifyのサービスは、ブランドが要求する多様なニーズに応えられうるもの**です。「すべての人にコマースをよりよく」というコンセプト[※1]に由来してか、楽にストアを立ち上げたい、クオリティを高くしたい、柔軟に拡張できるものであると都合がいい……など、さまざまなニーズに応えた気配りが、随所に行き届いた構造になっています。

特にShopifyテーマストアには、質の高いテーマがたくさんあります。

どれもパソコンとスマートフォンでの閲覧を考慮されており、動画をサイト内に埋め込んだり、商品絞り込み機能が使えるなど、機能面で特徴のあるテーマもあります。有料では$140〜$180程度で提供されているほか、無料のものも利用できます。

テーマのカスタマイズも管理画面から直感的に行え、写真やテキストなどのクリエイティブさえあれば、すぐにオリジナルのショップを立ち上げることができます（図表15-1）。

図表15-1　テーマの管理画面

管理メニューの［オンラインストア］→［テーマ］を開き、［現在のテーマ］欄に表示された［カスタマイズ］をクリックすると、このような画面が表示される。プレビューを見ながら直感的な操作でカスタマイズが可能

テーマやアプリがどこまで使えるのか、見極めを

　テーマは実際の購入前にトライアルでカスタマイズを行うこともできます。

　テーマによって調整できるポイントが異なるため、購入前には一度トライアルをしてみるとよいでしょう。**自分たちが調整したいと思うポイントに設計が行き届いているかを確認したうえで導入すれば、直感的な操作のみで管理更新を行っていくことができます。**

　また、追加機能はスマートフォンのアプリのように、アプリストアから購入することで実装できます。開発を行わないので、機能要件の定義などを行うまでもなく、アプリストアで買えるものを活用して実現していきます。

　デザイン・機能面ともに、ソースコードの編集やプログラムの作成など、専門的な技術は必要ありません。ただ一方で、自社のクリエイティブや運用タスクを、Shopifyの機能を利用してどこまで実現・効

率化していけるか、ということを考える必要があります。**技術から解放される代わりに、あくまでも「Shopify は手段である」ということは念頭に置いておいてほしいと考えます。**

✅ サーバー準備なしで始められ、セキュリティも万全

そもそもストアを立ち上げるにあたっては、ストアを設置する場所の確保を行わなければなりません。また、ビジネスがスケールし、ストアが売り上げを伸ばしたらどうしようかといった未来の予測を立てたり、セキュリティ面の対策を立てたりするなど、やらなければならないことはたくさんあります。

Shopify では、サーバー準備やサーバーの監視体制[2]、高水準のセキュリティ対策をすべて行ってくれます。最新バージョンへの更新やセキュリティ対策などのシステムのメンテナンスも不要です。

※1：**参考** Shopify のコンセプト
Make commerce better for everyone
We help people achieve independence by making it easier to start, run, and grow a business. Webelieve the future of commerce has more voices, not fewer, so we're reducing the barriers to business ownership to make commerce better for everyone.
※2：**参考** Shopify のセキュリティは PCI DSS Level1 を取得している。PCI DSS とは、クレジットカード業界の情報セキュリティのこと。また、Shopify が利用している「Google Cloud Platform」では情報セキュリティの国際標準である ISO27001 を取得している

Facebook・Instagram、Googleと簡単に連携できる

ShopifyではFacebookやInstagram、Googleと簡単に連携でき、販売チャネルとして活用したり、広告を作成したりできます。ここでは、これら3種のサービスをShopifyに連携させる方法について説明します。

⊘ Facebook・Instagramは手軽でオススメ

　ユーザーが商品に興味を持ち、すぐに商品を購入できる場所を増やすという意味では、Shopifyで作成したストアでそのまま出店できるFacebook・Instagramとの連携はオススメです。いずれもShopify上で登録した商品を投稿に紐づけ、販売につなげることが可能です。広告の細かいターゲティングが可能なFacebook、美しい画像をメインに多様な見せかたでコンテンツを発信できるInstagram。双方に特色があるので、商材に応じて、活用するのがよいでしょう。

　FacebookとInstagramは運営会社が同じなので、最初にFacebookの連携を先に済ますとアカウントをそのままInstagramに流用できます。なお、Shopifyと連携するさい、Facebookでは審査が発生します。審査後にFacebook上で商品の販売ができるようになります。審査は一般的に、48時間以内に終了します。

図表16-1 Facebookの連携手順

❶［販売チャネル］をクリックし、オススメの販売チャネルのなかから［Facebook］を選択する

個人情報の提供、開発者のプライバ
シーポリシーへの同意に関する確認
が表示される

❷［販売チャネルを更新する］をクリック

FacebookとInstagramの販売チャネルが
追加され、設定できるようになる

❸ Facebookの［設定を開始］をクリック

❹「アカウントを連携」をクリックし、
画面の指示に従って設定を済ませる

手順③の画面で、Instagramの
「設定を開始」を選択しておく

❺ InstagramもFacebookと同様に
ショッピング設定を進める

✓ Googleと連携する

　Googleを販売チャネルに追加すると、Google Merchant Centerに
Shopifyの商品データを同期して、マーケティングに活用できるよう
になります。マーケティングの手法としては、Googleのオーガニッ
ク検索への露出、Googleアナリティクスによる顧客動向の分析、そ
れらのデータにもとづいた広告の作成と出稿です。これらのマーケ
ティングの詳細については、第5章で後述します（P.209）。

　以下は、GoogleアカウントとShopifyを連携する手順です。なお、
Google Merchant Centerの連携も必要ですが、長くなるため本書では
概要にとどめます。

図表16-2 Googleとの連携手順

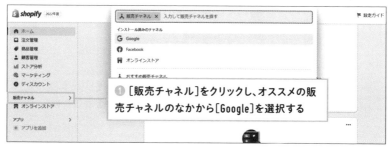

❸［Googleアカウントを連携する］をクリック

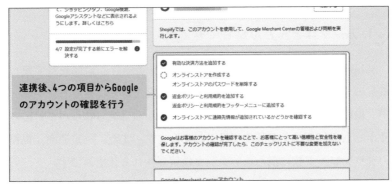

連携後、4つの項目からGoogleのアカウントの確認を行う

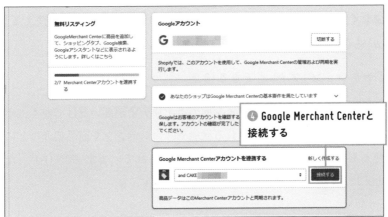

❹ Google Merchant Centerと接続する

ブランディング

テーマ選びとカスタマイズによって
ブランドイメージに近づけよう

Shopifyのフロントエンドシステムは、あらゆる側面から厳選された高クオリティのテーマをベースに、ブランドごとに最適化できるよう設計されています。

✓ テーマはどんどん試してみよう

　Shopify のデザインテンプレートである「テーマ」には無料で使えるものもありますが、特に有料テーマは開発を専任で行うパートナーが、機能のアップデートや、日々ユーザーから寄せられるバグ対応のサポートを行うことが義務づけられています。また、一定期間、規程のダウンロード数に満たないテーマは精査される仕組みです。

　つまり、**見た目の華やかさだけではなく、運用がしやすい、バグが少なくセキュリティが高いといった観点から、真の意味で「使える」「いけてる」テーマが提供されている**といえます。

「セクション」で追加できる機能

　また、有料テーマはデザイン面のクオリティが高いだけでなく、オンラインストアに必要とされる機能や、コンテンツや商品紹介などに使える機能が「セクション」として搭載されています（図表17-1）。たとえば次のようなセクションが利用できます。

- 最新ブログを表示するもの
- コレクション内の商品をピックアップするもの
- Instagramのフィードを表示するもの
- 好きなテキスト・画像を、パララックス効果などが組み込まれ

たデザインレイアウトに当てはめられるもの
- 動画を埋め込めるもの
- レビューを表示するもの

図表17-1 テーマの「セクション」

セクションはテーマによってさまざまなものが搭載されています。セクションの組み合わせ次第でストアの印象も大きく変化します。**気になったものは[Try theme]ボタンをクリックすることで、すぐに試すことができます。どんどんトライアルしていくことで、ストア構築のヒントを得る**ことができるでしょう（図表17-2）。

図表17-2 有料テーマのトライアル

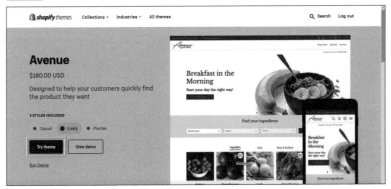

[Try theme]をクリックすると、作成中のストアにテーマを当てはめて表示させることができる

　Section11でも触れた通り、テーマのほとんどは、現状英語テキストでの仕様を想定しているため、ひらがな・カタカナ・漢字のテキストを入れた場合に、しっくりこない場合もあります。ただし、HTMLやCSSの知識さえあれば、字間・行間、細かな余白の調整などを簡単に行うことができます。調整は無限に行え、どんどん理想のデザインに近づけていくことができます（図表17-3）。

図表17-3 管理画面のコード編集画面

管理メニューの［オンラインストア］→［テーマ］を開き、［現在のテーマ］欄に表示されたテーマ名のプルダウンメニューから［コードを編集する］を選択すると、テーマを手動でカスタマイズできる

　カスタマイズ画面からクリエイティブを流し込んでデザインのプロトタイプを作成し、それをベースに調整を加えていくことで、手数少なくブランドオリジナルのデザインへ進化させていくことができます。

✅ 無料テーマでもカスタマイズ次第では ブランドイメージを体現できる

　ブランドのイメージに合うような、適切なテーマがない場合や、サービス形態が特殊で既存のテーマでは表現がしきれないといった場合は、**トップページのみフルコーディング・オリジナルセクション開発を行い、残りのページはテーマをベースに部分的に改善を加える**といった方法もあります。最もベーシックな「Debut」など、無償テーマをベースに全ページのデザインを作り込んだりすることも可能です。たとえば、土屋鞄製造所のストアはそのようなカスタマイズによってデザインされています。

図表17-4 土屋鞄製造所のストア

出典：土屋鞄製造所（https://tsuchiya-kaban.jp/）

受注データをSNSマーケティングやブランディングに活かす

Shopifyではストアを訪れた顧客から、受注に関するさまざまなデータを取得し、わかりやすい形式で一覧することができます。どのようなデータが取得でき、活用できるのかを見ていきましょう。

◎ どのような受注データが取れるのか

Shopifyで運用し、購入があるストアでは下記のようなデータが取れます。管理画面左メニューの［ストア分析］から確認することができます。

図表18-1 Shopifyで取得できるおもなデータ

取得される顧客データ	説明
平均注文金額	すべての注文の平均金額（配送料、ディスカウント含む）
オンラインストアのコンバージョン率	注文につながるセッションの割合
デバイスのタイプ別のオンラインストアのセッション	モバイル、デスクトップ、タブレット別のオンラインストアのセッション数
ロケーション別のオンラインストアのセッション	国別のオンラインストアのセッション数
トラフィック元別のオンラインストアのセッション	サイトにたどり着いた経路ごとのセッション数（トラフィック元）（検索、ダイレクト、ソーシャル、メールなど）
ソーシャルソース別のオンラインストアセッション数	経由したSNSソース別のSNSソースから発信されるオンラインストアのセッション数（Facebook、Instagram、YouTube、Twitterなど）
リピーター率	ストアで複数の注文を行なったお客様の割合
POSロケーション別の売上	（POSロケーションがある場合）各ストアから発生した売上金額

ソーシャルソース別の売上	Facebook や YouTube などの SNS ソースからの売上金額
スタッフ別の売上	POS ロケーションがある場合、各スタッフが処理した売上金額
トラフィック元別の売上	トラフィック元別の売上金額 （検索、ダイレクト、ソーシャル、メールなど）
上位のランディングページ	お客様がオンラインストアでセッションを開始した特定のページ（ランディングページ）
販売単位別の上位商品	商品の購入数ランキング（ストアのベストセラー商品）
セッション別の上位参照元	他の Web サイトから直接アクセスしてきたオンラインストアへのセッション数、上位 5 サイト
オンラインストアのセッションの合計	オンラインストアのセッション数
総注文数	サイトで受け付けた注文数の総数
販売合計	販売チャネル（オンラインストア、POS ストアなど）ごとに並び替えられた販売額
マーケティングに起因する売上	マーケティング活動の成果である可能性のあるトラフィックによって生み出される販売合計 （UTM パラメータが設定されているものを計測）

✓ 受注データのとり方

　Shopify の管理画面にログインしてすぐアクセスできるダッシュボード、もしくは［ストア分析］→［ダッシュボード］から、ストアが取得しているデータにアクセスできます。

　また、［ストア分析］→［レポート］から、より詳細なレポート形式でデータを得ることができます（図表18-2）。レポートはエクスポート可能なので、より詳細な比較分析に活用できます。

　たとえば、以下のようなレポートを閲覧できます（一部項目はプレミアムプラン、Plus プランのみという制限あり）。

- 時間の経過によるお客様の変化
- 初めてのお客様とリピーターの販売の比較
- ロケーション別のお客様
- リピーター
- 一度だけ訪問したお客様

また、［ストア分析］→［ライブビュー］からは、リアルタイムでの訪問者数・セッション数などを確認することもできます。

図表18-2 レポート画面

「売上」「集客」「注文」「POS販売」などの各種集計データをグラフで確認できる

✓ マーケティング・SNSへの活かし方

ShopifyにはあらかじめSNS、マーケティングの効果測定に役立つデータを取得できるような仕組みになっています。すでにソーシャル

ソースからの流入・購入、マーケティングの効果が出ている場合、これらのデータも［レポート］から確認できます。

- ソーシャルソース別のオンラインストアセッション数
- ソーシャルソース別の売上
- マーケティングに起因するセッション・売上

ブランドの相性にもよりますが、各セッション数や売上をもとに、どのSNSでのプロモーションに注力すべきかの判断軸となるでしょう。たとえば、ほかのSNSに比べて際立ってTwitterからの流入が多い場合は、ブランドとの相性がよい可能性があります。試しに、Twitterからの情報発信に力を入れてもよいですし、反応がよく売上にもつながりそうだと判断できれば、Twitter向けのキャンペーンを打つといった施策も考えられます。

ただし、Shopifyに限らず、どのストアもすべてのSNSに全力投球するにはそれ相応の労力が必要になります。レポートから各SNSと自ブランドとの相性をよく観察し、どのSNSにどの程度リソースを投入していくか検討しましょう。実際には、1〜2個のSNSに絞って集中的にマーケティングしているストアが多いのが現状です。

たとえば、認知拡大を兼ねて、短期的な売り上げを目指すセールに注力するのか、ブランドのファンを育てるための顧客コミュニケーションやコンテンツ強化に注力するのかでは、SNSの活用の仕方はまるで違ってきます。前者であればTwitterによる瞬間風速的な拡散を狙うでしょうし、後者であればInstagramによるファンの獲得や発信するコンテンツそのものを見直すはずです。それぞれのブランドが設定した目標に応じて、メディアの活用の仕方も判断していく必要があります。

アプリを活用した顧客コミュニケーション

モール型ECとは違い、Shopifyではさまざまな顧客情報を取得し、顧客に対してコミュニケーションの最適化が図れます。ここではそんなデータの活かしかたについて紹介します。

⊘ Shopify の顧客データの活かしかた

　モール型ECでは顧客情報はモール側の所有物となり、各ショップが顧客リストにアクセスすることは基本的にはできません。顧客情報をもとにマーケティングを行いたい場合には、モール型ECはあまり向いていないでしょう。ShopifyはECモールとは違い、顧客リストにアクセスし、最適なコミュニケーションを設計することが可能です。

　前セクションで説明した通り、標準では顧客のID、注文履歴、現在の注文状況に関するパスワードで保護された情報がShopifyに保存されます。その一方、盲点となるのがShopifyが提供する決済システム「Shop Pay」を導入している場合、クレジットカードの情報が保存されると思われがちですが、カード情報の管理はすべてShop Payで行われており、店舗側は確認できないという点です。この不便を解消するには、「Customer Fields」というアプリが便利です。

　Customer Fields を活用することで、生年月日や職業、趣味など、さまざまな項目を取得し、ブランディングやマーケティングに生かすことが可能になります。最大の利点は、店舗ごとに「本当に必要な項目のみ追加できる」ことにあります。顧客の視点からすると、パーソナルな情報は不必要に登録したくなく、本当に活用してくれる場合のみ登録したいという心理があります。Customer Fieldsを使うことで、大手のモールなどと違い、必要な情報だけを登録できるよう設定で

Shop Payとは

Shop Payは、クレジットカードやApple Pay、Google Payなどの決済方法と並んで、Shopifyストアで利用できる決済方法の1つです。Shopify独自の決済システム「Shopifyペイメント」にて、支払い方法の1つとして登録しておくと、顧客が買い物するさいに選択できるようになります。他の決済方法との大きな違いは、Shopifyを利用しているストア同士での買い物がスムーズになる点です。顧客がShop Payに住所やクレジットカード情報を保存しておくと、次回利用時はショートメールで認証するだけで、簡単に支払いが可能になります。支払いや使い勝手のイメージとしては、Apple PayやGoogle Payに近いのですが、Shop Payに対応する店舗が増えれば増えるほど、顧客の利便性は高くなります。特に、越境ECに強いShopifyらしく、英語の住所を一度入力していれば、海外のストアからでも簡単に購入が可能になる点は大きな魅力です。

き、ブランドのユーザーフレンドリーな側面を強化できます。

顧客情報管理アプリ

- Customer Fields
- https://apps.shopify.com/customr

✓ その他の顧客データ活用アプリ

Shopifyではアプリ同士を接続できるエコシステムが実現されているため、顧客データを、他のアプリやサービスに安全かつ簡単に受け渡すことができます。たとえば、外部の自動化サービス「Zapier」と連携すると、顧客データをGoogleスプレッドシートに自動保存できます。また、Shopifyアプリ「Klaviyo」を活用すると、顧客ごとにパーソナライズされたメールマーケティングを実現したり、物流会社と連携してノベルティを配送したりと、顧客データをもとにしたさま

ざまな使い道が見いだせます。

　さらには、再入荷お知らせアプリ「Back In Stock」も便利です。これは、インストールと設定を行うと、品切れになっている商品のページに登録フォームが表示され、そのフォームに顧客がメールアドレスを登録すると、商品が補充されたときに自動で通知する仕組みを実現します。この仕組みを利用すれば、顧客の登録数からの需要予測と、商品開発へのフィードバックをするなどの施策も可能で、実際に行っている店舗もあります。

顧客データ活用アプリ

- Zapier
- https://zapier.com/

- Klaviyo
- https://apps.shopify.com/klaviyo-email-marketing

- Back in Stock
- https://apps.shopify.com/back-in-stock-zooomy

　このように、顧客情報をただ貯めるだけでなく、顧客を理解し、直接コミュニケーションし、時にはともに商品やサービスを作っていくという流れを生み出せることが、Shopifyならではの顧客データの活かしかたと言えるのではないでしょうか。

ブランディング

顧客に好かれるブランドに
なるための4つの基本施策

オンラインでの顧客とのコミュニケーション方法はさまざまです。ブランド・商材に適した方法を選択し、顧客をファン化させていきましょう。

◎ 自分のためのブランド・ストアであると
感じてもらう仕掛けをつくる

　ストアを訪れ、ブランドに興味を持った顧客とコミュニケーションをとる方法はたくさんあります。メルマガ、ロイヤリティ・プログラム、ブログやSNSを通じたコンテンツ発信など、選択肢は数多くあります。

　では、顧客にとって、ブランドのどこが一番好ましいと感じてもらえるか、またこのブランドが顧客のライフスタイルに欠かすことのできない身近なものだと感じてもらえるにはどうしたらよいのでしょうか？　ここではストア運営初心者の方なら押さえておきたい基本的な取り組み例として、次の4点について説明します。

　　　①丁寧な対応を心がける
　　　②リピート顧客を大事にする
　　　③定期的に情報発信する
　　　④ブランドの世界観を伝える

　さらに濃密なコミュニケーション手法を知りたい方は、本書第4章を参考にしてください。

① 丁寧な対応を心がける

　丁寧な対応を求められる場面の多くは、**顧客に困りごとが発生するとき**です。たとえば、サイトの利用方法がわかりづらい、製品の手入れの仕方や組み立て方がわかりづらい、ギフトに対応しているのか不明、サポート体制が不明瞭……などなど、「商品を買う前」「買った後」の両面から、さまざまな顧客課題が発生します。

　これら**想定されうる**顧客課題を、**極力サイト内で解決できるように設計しておく**ことはとても重要です。たとえば、顧客が疑問に思うであろう問い合わせを予想した上で、「ご利用ガイド」「FAQページ」「ギフト関連情報」「アフターケア情報」などのコンテンツを先回りして用意しておくといった施策が該当します。また、チャット機能を設けて、瞬間瞬間に発生する疑問に直接答える姿勢を見せることも効果的です（参考→P.139〜146）。

　Shopifyには、「FAQ Page Builder」など、FAQページをノーコードで作れるアプリが充実しています（図表20-1）。チャットやヘルプセンター機能を持つものもあるので、アプリストアをチェックしてみてください。顧客の課題をあらゆる面からスピーディーに解決してあげることが、結果としてブランドへの信頼感につながっていくはずです。

② リピート顧客を大事にする

　国内ECプラットフォームの場合は、「購入3000円ごとに5％ポイント獲得」といったようなポイントシステムがポピュラーですが、Shopifyでは**「ディスカウントクーポンの配布」が有効**です。クーポンは使用された回数が可視化されるため、効果測定も容易です。シンプルに「割引キャンペーン」として配布してもよいですし、メールオートメーション機能で特定のアクションをトリガーに限定配布することも効果的でしょう。たとえば、「購入●回目以上」のお客様に向

14日間無料で試用可能。https://apps.shopify.com/faq-page

けてのみクーポンを限定配布することで、特別感を演出することもできます。

また、特定のアクション（購入だけでなく、SNSでシェアするなど）を起こすことでポイントを貯めることができ、**クーポンや商品と交換する「ロイヤリティ・プログラム」を、アプリの導入によって実施することもできます**。スタンプラリーのような気分で取り組むことができますし、ブランドらしいアクションを設定することで、顧客が買い物をより楽しめる体験を作り出すこともできます（図表20-2）。

✅ ③定期的に情報発信する

ブランディングのなかでも重要なのが情報発信です。特に、アパレルや雑貨など長期間使い続けることが前提となっている商品を扱う場合は、顧客のブランドに対する愛着があるかないかで大きな差が生じてきます。衣類やバッグ、靴などの身につけるものであれば、どのよ

図表20-2 リピーター候補を絞り込む

管理メニューの［顧客管理］では、注文回数や注文金額に応じて顧客を絞り込むことができる。リピーター候補の顧客を見極めよう

うなスタイリングが合うのか、オフィスや家庭のなかにどのように溶け込むと心地よいものになるのかといった、**商品詳細ページでは伝えきれない魅力をSNSやオウンドメディアを駆使して発信することが効果的**です。

　たとえば、ギフト商材であれば、新学期、母の日、バースデー、クリスマスなど季節イベントや行事に応じたギフトのアイデアを発信するのも効果的でしょう。**顧客はリアル店舗でもオンラインでも、「購入のひと押し」を待っています。**もし、あなたがリアル店舗で心がけている接客方法があるなら、オンラインでもそれと同じレベルで適切に表現できないかと模索することも重要な課題になりますし、その課題自体が情報発信の種になることもあるでしょう。

⊘ ブランドの世界観を伝える

　Shopifyのストア機能を利用する方の多くは、ほぼ間違いなくオリジナルブランドの製品を販売しています。自社の製品が類似ブランドとどのように異なり、顧客のライフスタイルにどのように溶け込みう

図表20-3 objcts.ioが伝える世界観

出典：objcts.io（https://objcts.io/）

るのか、デザインや写真の美しさ、キャッチコピーなどで表現することが多いでしょう。それら**クリエイティブが何に基づいているかと言えば、いわずもがなブランドの世界観**です。

　たとえば、鞄や財布など革製品のブランドとして知られる objcts.io（オブジェクツアイオー）は、「イノベーターの日々を軽やかに、美しく」というキャッチコピーでその世界観を表現しています（図表20-3）。顧客ターゲットを明確にイノベーターと位置づけ、その層に好んで使われる Apple 製品との相性を追求したデザインが、同ブランドが提示する世界観とよくマッチしているのは言うまでもありません。ストアや Instagram に掲出される写真においても、「軽やかさ」「美しさ」が表

現され、世界観とのマッチングが貫かれています。

　他にも同ブランドでは、Apple製品向けの壁紙をブランドの世界観とともに持ち帰ってもらうというサービス、また音楽配信サービスSpotifyでブランド発のプレイリストを公開するといったサービスまで展開しています。

　このように、objcts.ioから発信されるクリエイティブは、あらゆる場面でブランドの世界観がよく伝わるものとなっています。もはや鞄や財布といった**製品を超えたところで、顧客体験を高め、ファンになってもらう施策の好例**と言えるでしょう。

　Webだからできないことがある一方で、Webだからできることもたくさんあります。ユーザーは意外と細かいところを見ています。そういった意識で、あらゆるタッチポイントでブランドと顧客がコミュニケーションを作っていくことが大切です。

スキルとチーム体制

ECサイト運営に必要な
業務の種類と求められるスキル

実店舗も持たず、常時接客スタッフを配置する必要もなく、パソコンひとつ
で楽に開設できるイメージがECサイトにはあるかもしれません。実際にはさ
まざまなスキルが必要とされます。

✅ 分担するスキルと兼務するスキルを見極める

　EC運営は、大きくオンラインストア制作や更新、SNSや広告運用
にかかわる「フロント」と、受発注処理やカスタマーサポートを担う
「バックオフィス」の業務に分けて考えることができます。Shopify利
用ストアで大規模なところでは、フロントとバックオフィスとで明確
な分業を行うことも多いかと思われますが、小〜中規模なところでは
兼務する場合も多いでしょう。**EC運営の各業務にどのような種類が
あり、どのようなスキルが求められるのかを把握し、分担すべきなの
か兼務すべきかを見極めましょう。**

　なお、これらのスキルをひとりで兼務し、日々の業務を回すことも
できなくはありません。その方法については第4章で詳説しますので、
スキル兼務の実例として、併せてご参考にしてみてください。

販売企画

　Web上に存在するオンラインストアといっても、根本的には顧客
が訪れる「店舗」であることには変わりありません。したがって、
セールや季節イベント、商品を体験してもらうためのリアルイベント
の開催など、実店舗に求められる販売企画を戦略的に検討できるスキ
ルは必須です。加えて、オンラインストアならではの企画として、動
画配信（YouTube Live、Instagramライブ等）やオンラインイベントなどを開

催できるスキルも求められることがあるでしょう。自ストアの商品を
さまざまなタッチポイントで顧客に訴求できる体制づくりも必要とさ
れます。

商品企画

　商品企画は、購入場所が異なるだけなので、オンラインでもオフライ
ンでも、求められるスキルに大きな違いはありません。ただし、オ
ンラインストアの場合は、Web限定販売の商品を企画するケースも
あります。オンラインストアをよく利用する顧客がさらにそのブラン
ドに愛着を持つような、一歩踏み込んだ商品企画力が求められます。

ライティング

　オンラインストアには接客を行うスタッフを配置できないため、商
品のよさを伝えるのに一役買うのはライティングとなります。ブラン
ドの世界観や商品のコンセプトを短く適切な言葉で伝えるコピーワー
クが求められます。また、顧客が知りたいことを先読みして、的確に
ピックアップできる能力や、商品の機能や魅力をわかりやすく伝える
ための編集力も求められます。

デザイン・撮影

　オンラインストアのデザインは、リアルな売り場の設計・インテリ
アに相当します。ストア内でユーザーが触れるクリエイティブがブラ
ンドらしい雰囲気となっているか、世界観を表現できているかをコン
トロールし、アートディレクションだけでなく、サイトのUI／UXも
考慮しながら、ブランド体験を作る役割を担えるスキルが必要です。
　また、Web上では実物を手に取れないぶん、写真で商品の全体感・
ディティールを伝えることが大切です。質感や色味にまで迫り、実物
の魅力に近しい形を切り取ります。外部のカメラマンに依頼する場合

も、適切なディレクションを行えるスキルが必要になります。

SNS発信

　Instagram、Twitterなど媒体ごとのオーディエンスに合わせた情報発信ができるスキルが必要です。もちろんすべての媒体で、顧客と密にコミュニケーションできるのがベストですが、実際に人的リソースは限られています。Section18でも述べたように、ブランドにとって一番相性がよいSNSを見極め、バランスよく運用するのが効果的です。

広告運用

　オンラインストアを開設し、ただ運営しているだけでは、顧客は訪れてくれません。ストアに興味を持ちそうなターゲットに対し「ここにあなたの求めているお店があるよ」と訴求をしていくために、各種広告を打つことも必要になってきます。リスティング・ディスプレイ広告など、商材に応じた適切な広告枠を選定し、目的に応じて最適なCPA（Cost per Acquisition；顧客獲得単価）やCV（コンバージョン）に沿うよう、日々効果を測定しながら運用できるスキルが必要です。加えて、広告ごとに効果的なクリエイティブの選定やコントロール、広告企画にたいする適切な判断力も求められるため、必要とされるスキルは多岐に渡ります。

オペレーション

　日々の受発注処理を担当します。決まった時間に、適切にもれなく注文を処理し、在庫を管理し、発送を行うオンラインストアの心臓部です。確実な作業を求められるため、ミスなく効率よく、的確にタスクを遂行するスキルが求められます。規模によっては発送を外部倉庫へ委託するケースもあり、その場合は外部倉庫会社のオペレーション

を行います。ギフト商材を扱う場合はラッピング指示対応、キャンペーンでサンプル封入などを行う場合はその指示を行うなど、顧客に商品を届けるにあたり発生する、あらゆる業務を担います。発送が遅れる、発送ミスが出る、在庫切れが長引く……などが起これば、ブランドの信頼に響くため、何よりもまず的確にタスクを遂行できるスキルが重要です。

カスタマーサポート

　購入前と購入後を問わず、あらゆるシーンにおいて、顧客からの問合せ対応を行います。メール・電話・チャットなどを介し、お客様の疑問に迅速・的確に答えます。こちらも対応を誤れば、ブランドの信頼に響くため、どのような問い合わせであっても、顧客課題を気持ちよく解消してあげられるコミュニケーションが求められます。

チームによる接客

　接客はストアにかかわるスタッフ全員が担当者と言えます。実店舗と違って、オンライン上に接客スタッフが常駐しているということではありません。**オンラインストアを訪れる顧客が何を求めているのかを察し、スタッフそれぞれが自身のスキルを活用し、さまざまな角度からアイデアを提案したり、行動していく**ことが重要です。画面の向こうには常に顧客がいて、ストアを通して何をどのように提供すれば喜んでもらえるのかを考え、心をつくして各業務のなかに落とし込んでいくチームプレーが求められます。

図表21-1 各業務の全体像

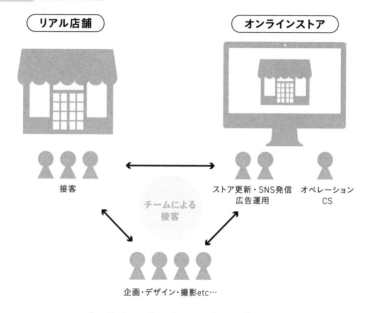

| リアル店舗 | オンラインストア |

接客

チームによる
接客

ストア更新・SNS発信　オペレーション
広告運用　　　　　　　CS

企画・デザイン・撮影etc…

オンラインストアはWebにあるお店
求められることはリアル店舗に通じる

チーム体制の構築

組織における
ECチームのかたち

EC担当者には誰がなるべきか、最適なチームのかたちとはどのようなものかを考えてみましょう。

✓ 正当な評価を受けづらい「EC担当者」

　一般的に「EC担当者」と聞いて思い浮かぶのはどんな姿でしょうか。日々オンラインストアに入ってきた注文を発送するかたわらで、サイトの更新をする……。システムに詳しいだろうから、ちょっとしたパソコンの不調なんかにも対応してくれる。そんな姿でしょうか。実際にEC担当者と一言で表したときのイメージは、こういったものが多いのではないでしょうか。

　実際、ECサイト運営は、商品企画から受発注、カスタマーサポートまで「Web上のお店」を運営するにあたり必要な、多岐にわたるタスクに対応していく激務です。画面の向こうにいる姿形が見えない顧客に対し、Webを介してどのようにサービスを提供していくのが適切なのかを常に思考する、「接客」に通ずるようなセンスが求められます。さらに、最新のトレンドを把握し、サービスに落とし込んでいく、技術的なスキルやバランス感覚も同時に要求されるため、総合格闘技的なスキルが求められるとも言えます。優秀なEC担当者は、結果的に「何でも屋」にならざるをえなくなりますが、それは一側面にすぎません。

✓ 実情を理解し、チーム体制を整える

　まず、**誰が担当者になるべきかといったことの前に、そうしたEC**

運営の実情を理解し、人材を正当に評価し、受け入れるチーム体制が必要です。

そのうえで、どういったスタッフがEC担当者として活躍していけるのか、その一例を挙げたいと思います。

経験・スキル

- 実店舗での接客・店長業務などの経験がある
- デジタルネイティブ世代（Web上のコミュニケーション、オンラインでの買い物が当たり前である年代）
- 倉庫業務などに携わったことがある
- 自らブログ・SNSなどを介して発信したことがある
- 数値・データを取り扱うことに苦がない
- HTMLやCSSに抵抗感がない

気質

- 複数タスクを横断してこなすことが得意
- 新しい技術に対し抵抗感を抱かず「とりあえずやってみる」トライ&エラーができる
- 自分のやり方に固執せず、柔軟にものごとを考えることができる
- 抱え込みすぎず、適切に人に頼る・依頼を行うことができる
- タスクに優先順位をつけ、コスト感覚を持って解決に挑める

実際にはすべてをひとりで満たす人は希少かと思いますので、**チームでこういった素養をカバーしていく形が現実的**です。

⊘ 理想の3人構成

バランスのよいチーム構成の一例として、以下のような3人体制を

組む形が考えられます。

構成

- ストアのリーダー（ストア運用計画・進行管理・業務全般）
- コンテンツ担当（SNS含むコンテンツ・クリエイティブ・広告運用担当）
- 運用担当（オペレーション・CS担当）

条件

- 基本、全員がストアの管理画面を操作できる
- ストアに蓄積されるデータを理解することができる
- 全員が各々のポジションで主体的にふるまい、他のメンバーの業務もカバーできる

　どのように業務を割り振るかの縛りは厳密でなくかまいませんが、主担当は誰なのかを区分けし、ストアのために一丸となり、各ポジションで責任を持って取り組み、業務を相互に理解し、カバーしあえるチームであることが望ましいです。そして何より、画面の向こうにいる顧客のことを想像し、最高の形でサービス提供をしたいという想いが各々にあるかどうかが大切です。この**コアとなる3名を中心に、細かい担当を枝分かれさせて発展させていく形が、安定感と推進力を兼ね備えたECチームの形である**と考えます。

　最小ユニットとして3名体制と定義していますが、求められる要素がカバーできるのであれば、人数に制限はありません。また、ECにはリアル店舗のような場所や広さの制限はなく、自由に発想できる土壌があります。リアルではできないこと・リアルでできることをハイブリッドに組み合わせ、オリジナルのサービスを作り出せる夢のある世界といえます。そういったシチュエーションを常に前向きに捉え、チャレンジしていけるチームを作るというマインドで、自社に合った

体制を組み、運用しながら改善をしていただければと思います。

✓ 運用と拡張性に長け、EC担当者が評価を受けやすいShopify

　オンラインストアとリアル店舗の垣根を極力なくし、インフラの充実やノーコードの仕組み、アプリにより実現できる拡張性があるShopifyは、「コマース」全体の発展・寄与を目指したサービスです。冒頭で申し上げたEC担当者の「Web何でも屋」に結びつくようなタスクはほとんどが**Shopifyの仕組みで幅広い人が対応できるようになり、ストア発展のための思考すること、トレンドを追うこと、知見を広げ、チャレンジをするフェーズに投資することができます**。ストアを時流にあわせ、適切に進化させていくことができるプラットフォームとして導入することで、EC担当者が評価を受けやすくなるでしょう。

23

すべての販売チャネルを連携させるオムニチャネルの活用

Shopifyはリアル・オンライン問わず、さまざまなチャネルやタッチポイントで、統一的なショッピング体験を提供するためのハブとなることを前提としたサービス設計がなされています。

⊘ オムニチャネルとは

「オムニ（Omni）」とは「すべての」という意味です。実店舗、アプリ、オンラインストア、SNS、広告などすべての**販売チャネルを連携させ、顧客がブランドに接する機会（タッチポイント）を戦略的に増やしていき、いつでもどこでも、ほしいときに買い物ができる状況を提供する**といった意味合いです。たとえば皆さんも、「オンラインで予約して店舗で受け取る」「店舗で商品を体験してオンラインで注文する」という買い物体験をされたことがあるでしょう。

　ここでは、Shopifyでオムニチャネルを手軽に実現する方法を紹介します。なお、複数の販売チャネルが統合された状況を、オンラインとオフラインの統合という意味で、OMO（Online Merges with Offline）と呼ぶこともあります。

⊘ POS連携

「Shopify POS」はShopifyにもともと備わっているPOSシステムで、基本機能は無料で利用できます（Pro版は月額＄89、14日間無料試用可能）。管理メニューの［ホーム］→［POSをインストールする］から利用できるようになり、スタッフ向けにはスマートフォンやタブレット端末向けのアプリが提供されています（図表23-1）。

Shopify POSアプリをスタッフの端末にインストールし、権限を与

えることで、**店舗の売上や在庫データをオンラインストアと同期させることができる**ため、非常に便利です。また、オムニチャネル型販売向けの機能も多数用意されています（図表23-2）。実店舗とオンライン両方のチャネルがある方は、ぜひ試してみてください。

また、国内で利用実績96,000店舗以上を誇る**クラウドPOS「スマレジ」とShopifyを連携できる「スマレジ連携App for Shopify」**（https://hiyaku-inc.com/pages/smaregi）というサービスもあります。Shopify POSと同じように、実店舗とオンラインストアの在庫データを一元管理し、リアルタイムで同期できるアプリです。

後発でShopifyのストアを立ち上げるさいに、すでにスマレジを導入されている場合はこういったサービスの導入を検討されるのもよいでしょう。

図表23-1 Shopify POSアプリの画面

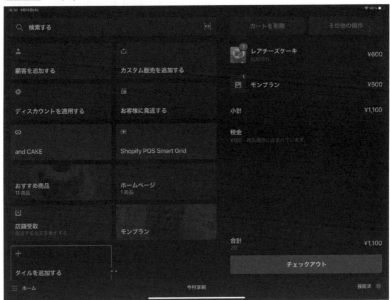

タブレットで在庫状況や顧客上の確認、決済などが行える

図表23-2 Shopify POSのオムニチャネル関連機能

機能	内容
自動ディスカウント	顧客がオンラインや実店舗で対象商品を購入した場合、割引率、定額、BOGOによるディスカウントを利用できるようになる。ディスカウントはチェックアウトのさいに自動的に適用される
店舗の在庫状況	商品ページで、店舗受け取りが可能かどうかを表示できる
メールカート	実店舗で顧客が気に入った商品をメールで送信し、あとからオンラインで購入できるようにする
おすすめ商品	オンラインストアの購入動向を分析し、実店舗に訪れた顧客におすすめ商品を提案する
商品詳細のQRコード	実店舗にある商品のオンライン詳細ページをQRコードで提示する。店舗内で見てもらってもいいし、あとからオンラインで購入してもらってもいい
オンラインで購入、店舗で受取	オンラインで注文された商品を、顧客に店舗で受け取ってもらう。すべての店頭受取注文を効率的に管理、追跡し、準備ができたら顧客に通知できる
オンラインで購入し店舗で返品・交換	オンラインで購入された商品の返品、または交換をどの店舗で受け付けても、在庫状況がリアルタイムで更新される
店舗で購入、顧客の自宅に配送	店舗の在庫が少なければ、在庫のある場所（オンラインなど）から売ることができる。カスタマイズ商品を展示するショールームやビジネスに最適
配送料	配送手数料がビルドインまたはカスタマイズされているため、配送詳細を追加することで、チェックアウト時にすばやく費用を計算できる

出典：Shopify「POSレジの機能と価格」（https://www.shopify.jp/pos/features）を一部引用して作成
※利用中のプランや有料版のShopify POS Plusによって使える機能は異なる

✓ ストアのアプリ化

　オンラインストアをアプリ化したい場合、従来のECでは開発に伴う技術的なハードルや費用の面で、容易には実現できませんでした。しかし、Shopifyで運営するストアなら、**「Appify」を使えば簡単にアプリ化を実現**できます（図表23-3）。

　Appifyはノーコードで編集可能なネイティブアプリを立ち上げられるサービスです。Shopifyの顧客情報をQRコードで識別できたり、

オンライン・オフラインでの購入データを一元管理できたりします。ストアをアプリ化することで、顧客とのタッチポイントを増やせるほか、コミュニケーション手段の1つとしても活用できます。

　Shopifyはシステムの構造上、ノーコード系のサービスと連携しやすいのです。そのため、今後もこのようなサービスの登場が期待されています。

図表23-3　ストアをアプリ化できるAppify

出典：Appify公式サイト（https://appify.jp/）

✓ ポップアップストア・イベントでの活用

　先述のように、Shopifyでストアを立ち上げることで、既存のPOSシステムの利用が容易に実現できることになります。オンラインストアの運用と同時に、**ポップアップストアやイベントなど、単発のオフライン販売でストアの在庫と連携した在庫管理などが必要になった場合に、Shopify POSは有用**です。

✅ POSシステムのみの利用もOK

Web上のストアは必要なく、POSシステムのみ利用したいといった場合には、POSシステム利用や購入機能（購入ボタンの設置、Facebook・Instagramの購入機能）のみにサービス提供を絞った**「Shopify lite」**（https://www.shopify.jp/lite）といったプランも存在しています。すでにブランドのサイトを別のCMSやInstagramのみで展開しており、ストアの開設は想定していないが販売は行いたい、といったさいにオススメです。

✅ 特定のオーダー商品の店頭受付など

通常販売している商品に、特殊なカスタマイズを施すようなオーダーメイド商品の受付・管理も可能です。特に、ブライダルリングなど、見積もりも含めて検討するような商品に関しては、最終的な購入を持ち帰りで判断し、後日決済をするといったことも想定されます。

そのような場合は、**「下書き注文機能」**を活用し、店頭でオーダー内容をヒアリング→見積もりのみ作成→検討後、発注→以降のやりとりはWeb主体で受け付ける。このようなフローで対応することもできます。

Chapter

3

フロントと
バックオフィスの
必須知識

EC運営にまつわる
業務の全体像を把握する

EC運営は大きく「フロント」と「バックオフィス」に分けて考えることができます。ここでは、その全体像を整理しながら、運営上盲点となりやすいポイントを解説していきます。

⊘ EC運営の「フロント」と「バックオフィス」

　EC運営における業務は、図表24-1のように大きく「フロント」と「バックオフィス」の2つに分けて考えることができます。

　フロント業務は、ECサイトを利用するユーザーから見える表の部分を指します。たとえば、2章で解説したブランディング、商品企画、マーケティング、SNS活用をはじめとするプロモーション、そしてECサイトの制作と更新にまつわる業務です。

　一方、バックオフィスはユーザーからは見えにくい部分の業務を指します。たとえば、製品調達、商品登録・公開、受注処理、カスタマーサポート（CS）、物流、会計などの業務です。そして受注処

図表24-1　EC運営の全体像

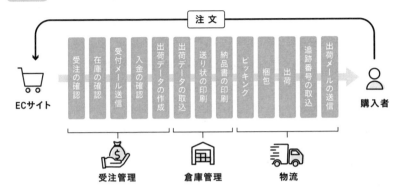

図表24-2 バックオフィス業務の流れ

注文

ECサイト → 受注の確認 → 在庫の確認 → 受付メール送信 → 入金の確認 → 出荷データの作成 → 出荷データの取込 → 送り状の印刷 → 納品書の印刷 → ピッキング → 梱包 → 出荷 → 追跡番号の取込 → 出荷メールの送信 → 購入者

受注管理　　　倉庫管理　　　物流

出典：LOGILESS Blog「ECサイト運営の受注〜出荷まで全てを自動化！『OMS・WMS一体型システム』のメリットとは？」（https://www.logiless.com/blog/ec-trend/1821/）

理、カスタマーサポート、物流のフローをさらに細分化すると、図表24-2のようになります。

　EC運営について説明するとき、フロントについて重点的に語られることが多い印象ですが、**EC事業を成長させるには、バックオフィス業務も含めた全体像を理解することが重要**です。この章では、特にバックオフィスに焦点を当てつつ、フロントとの連携という観点も交えながら解説していきます。

✓ 各業務の連携不足がトラブルにつながる

　EC運営においてトラブルの原因となりがちなのが、制作やマーケティングなど各業務を専門とする支援会社や担当者はいるものの、それぞれがうまく連携していないという構造です。EC運営を支援するサービスを提供している会社は多いのですが、実際にECの運営をしたことがない事業者も多く、フロントとバックオフィスの両方を理解している支援会社が非常に少ないのが現状です。

　社内で運営を行っている場合でも、担当者やチーム同士が連携していないということがよくあります。しかし、フロントで受けた注文は

バックオフィスで処理されるので、フロントとバックオフィスの連携不足は、トラブルにつながりやすくなります。

　日本のECは人材不足かつ低予算で運営されていることが多く、問題があってもそれを検証するだけの時間や情報がないために、そもそも問題に気づけていないことがよくあります。本来10分で終わる受注処理に1時間かけていたということも珍しくありません。そのため、**バックオフィスとフロントとの連携をうまく整理するだけで時間が生まれ、結果的にマーケティング活動に使える時間ができることで売上が上がるとこともあります。**

連携を考慮したシステムの選び方が重要

　バックオフィスとフロントの連携という点で注意したいのが、システムの選び方です。EC運営の基本構造は、どのECサイトでも共通していますが、受注データなどのデータの仕様がモールやプラットフォームによって異なるため、EC運営のオペレーションはシステムに依存します。そのことを理解したうえで、プラットフォームを選ぶ必要があります。

　また、システムの選び方とも関係するのですが、バックオフィスのなかでも盲点となりやすいのが「会計」です。売上の計上方法も、モールやプラットフォームによって異なります。そのため、ECサイトの構築やリプレイスにおいては、**会計まで考慮に入れたシステム選び**が必要です。しかしそれができていないために、導入後に苦労するということが起こりがちです。本章では、EC運営のバックオフィスについて、会計まで含めて解説していきます。

日本のEC運営に不可欠な OMS導入

日本のEC運営は、「自社サイトのみの」「複数モール＋自社」「モールのみ」に大きく分けられます。そのいずれにおいても重要なのが、OMSにより運営を効率化し、個人情報漏えいなどの事故を防ぐことです。

✓ 自社サイト立ち上げかモール出店か

　日本のEC運営のほとんどは、「自社サイトのみ」か「複数モール＋自社」、または「モールのみ」に分類され、いずれかのパターンになるかで運営方針が圧倒的に変わります。

自社サイトのみ

　自社サイトのみを運営する、D2Cの独自ブランドサイトに多いパターンです。自社サイトは集客が難しいと言われてきましたが、SNSの台頭により、独自のブランドストーリーや世界観を伝えやすくなっています。

　また、最初は自社オンリーで始めて、後からモールに出店するという事例も増えています。日本のEC市場は、自社サイトと楽天やAmazonといったモール型のECサイトで市場が構成されており、売上規模を獲得していくにはモール展開も重要です。

複数モール＋自社

　日本のECは、楽天を中心としたモールからまず発展した歴史があります。D2CやSNSの台頭により異なるパターンも増えてきていますが、はじめはモールに出店して、軌道に乗ったら自社サイトを立ち上げるというパターンが多かったのが日本のECの特徴です。そのさ

い、運営スキルを横展開できるため、単一のモールではなく複数の
モールに出店することが多くなっています。

モールのみの場合、モールごとに合わせて販売手法や商品構成を練
る必要があります。どういった商品がモールでは売れるのか事前に調
査し、仮説を持った上で出店することをオススメします。本書では
Shopifyを中心としているため、詳細は割愛します。

⊘ 売上を伸ばしていくためにはOMS導入が重要

どのような出店形態であれ、EC運営にあたり重要になるのが、
OMS(Order Management System) です。特に、多店舗運営をする場合に
は非常に重要な存在です。OMSは、受注・在庫管理システムのこと
で、受注と物流倉庫でデータをやり取りするさいに、モールやプラッ
トフォームごとに異なるデータレコードを均一に整えてくれます（図
表25-1）。

図表25-1 OMSで管理する情報

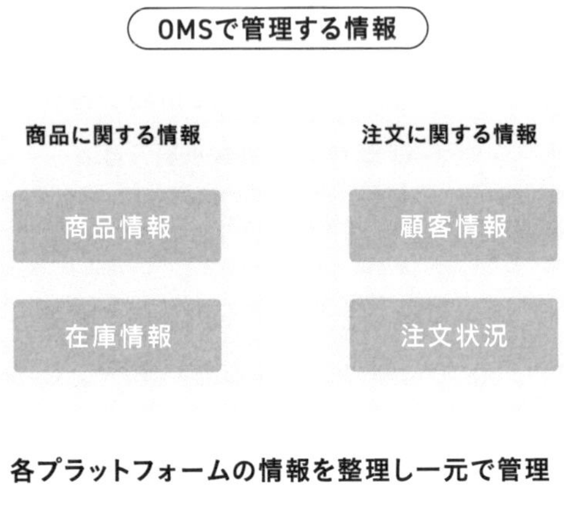

各プラットフォームの情報を整理し一元で管理

データの送受信自体は、CSVファイルをメール添付するなどアナログな方法でも可能ですが、受け渡しのさいに文字化けや、加工によるデータ配列の乱れなど事故が起こる可能性が高く、一定の売上規模があるECや多店舗運営にはオススメできません。特にリスクが大きいのが個人情報の漏えいです。万が一事故が起きた場合、企業への信頼度が低下するだけでなく、保証の対応が必要な場合もあります。モールの場合は、個人情報漏えいが起こると即退店の可能性もあります。

　OMS導入の目安は、複数店舗展開と売上規模です。複数のプラットフォームを利用し、月商数百万円以上を目指すのであれば、OMS導入をオススメします。自社サイトのみの運営でも、OMS導入によりデータが均一化するので、物流倉庫でデータを受け取りやすくなり、イレギュラーが発生しないというメリットがあります。売上の増加に伴い、倉庫移転が必要なタイミングもあります。OMSを中心にデータを整えておけば、倉庫を移転するときも、オペレーションをイチから作り直さずに済みます。

✓ Shopifyが使えるOMS

　Shopifyに対応しているOMSは、LOGILESS（ロジレス）、CROSS MALL（クロスモール）、ネクストエンジン、GoQSystem（ごくーシステム）、アシスト店長などです。システムにより連携方法が異なり、それぞれ得手不得手があるので、自社の運営に合うものを選びましょう。

　たとえば、LOGILESSは物流倉庫との連携がシームレス、CROSS MALLは商品登録が得意、ネクストエンジンは越境にも対応、GoQSystemは在庫連携のスピードが早いなどの特徴があります。また、対応可能なOMSは日々増えているので、今後はもっと多くのOMSがShopifyに対応すると思われます。

商材絞り込みの基本と Shopifyの利点

自社が取り扱う商材の売り方を考えるために、まず、それが型番商品なのか非型番商品なのかを考えましょう。それにより、効果的な売り方が異なります。Shopifyの活用方法と合わせて紹介します。

◯ 商材の絞り込み

　EC運営において商材をどう売るかを考えるために、まず、**取り扱う商材が「型番商品」なのか「非型番商品」なのかを絞り込む必要があります**。なぜなら、型番商品と非型番商品では効果的な売り方が違い、流通の仕方も運営のスタイルも異なるからです。現代は商品が非常に増え、必ずこのタイプに当てはまらない場合もありますが、考え方の基本として押さえていきましょう。

型番商品

　価格・市場動向によって売れる、検索流入が多い商材です。たとえば、家電などがこれにあたります。価格や特典により、販売が左右される要素が強いのが特徴です。モールの大型セールなどによって売上を作ることがしやすいアイテムで、売上規模が非型番商品よりは大きくなることが一般的に多い商品です。

　目的買いをされることがほとんどのため、市場のニーズに合わせていく戦略が重要になります（マーケットイン）。

非型番商品

　ストーリーやユーザーとのコミュニケーションによって販売をしていく商材です。D2Cなど、これから認知拡大をしてく独自ブランド

がこの商品にあたります。オリジナルブランドの多くは非型番商品ですが、ブランドが育つと型番商品になることもあり、境目が明確というよりグラデーションがあります。自社主導で繁忙期をコントロールできます。

マーチャントの情報発信で商品を販売していくため、販促活動をどのように行っていくか非常に重要になります（プロダクトアウト）。

✅ Shopifyをどのように活かすか

Shopifyは、EC運営に必要な基本機能のほか、**売るための機能が一通りそろっており、スタートダッシュを切りやすいプラットフォーム**と言えます。いろいろ機能を追加しなくても、最初からある程度の機能がそろっているという点で、パソコンにたとえるとWindowsよりもMacのようなプラットフォームといえます。

Shopifyが特に優れているのが、次に紹介するような機能をデフォルト機能として最初から備えていることで、マーケティング活動など売上を上げる活動に時間が使える点です。

デザインが作りやすい

Shopifyでは、世界中のパートナーが制作したデザインテンプレート（テーマ）をそのまま使うことができます。また、さまざまなページやフォームの研究および改善が重ねられており、時流に合った対応がされているので、EC事業者は自社ブランドや商材に合いそうなテーマを選ぶことで、デザイン構築の時間とコストが大幅に削減できます。

たとえば、会員登録のシンプルさ（氏名＋メールアドレスのみ）や決済フローにおいて、**注文確定前の最終確認画面が省かれている点**は、Shopifyのデザインにおける特徴的なところです。

canonicalタグ

　ECサイトというのは一般的に、商品のカラーやサイズのバリエーションなどで商品ページのURLが量産されて重複URLとなり、SEO的にエラーが起きてしまうシステム構造となっています。バリエーションのある商材を扱う事業者の場合、ここは注意すべき点です。canonicalタグはこれを防ぎ、「URLの正規化」を行うものなのですが、**Shopifyではデフォルトでcanonicalタグが設定**されており、EC事業者が対応する必要がありません。

カゴ落ちメール

　カゴ落ちメールとは、カートに商品を入れたまま離脱したユーザーに送るメールのこと。コンバージョン（CV）向上に効果的と言われます。これを追加機能や上位プランの機能として利用できるプラットフォームは多くありますが、**Shopifyでは通常プランであればデフォルト機能として利用できます**（→P.140）。

Section

27

Shopifyの必須知識

運用面でよく使われる
オススメのShopifyアプリ

Shopifyアプリにはさまざまなものがあります。そのなかでもマーケティングのためのアプリが目を惹きがちですが、ここでは、運用を意識した改修や機能追加でよく使われるShopifyアプリを紹介します。

✓ フロント構築のためのオススメShopifyアプリ

顧客が買いやすいフロントを構築することで、サポートの負担を軽減し、CVにも寄与します。機能の追加は独自で開発も可能ですが、ここではよく使われるアプリの紹介をします。

図表27-1 フロント構築アプリ

機能別アプリ一覧		説明
プライベートアクセス		ページ閲覧にパスワードを設定できます。会員限定販売やセールが可能です。
Locksmith https://apps.shopify.com/locksmith		
ギフト／のし対応		ギフトや配送日指定機能は受注情報に影響を与えるため、OMSとの相性の確認も必要です。また配送日の情報を注文確認メールにも入れるとユーザーも安心するため、通知メールのカスタマイズも重要です。
のしオプション https://apps.shopify.com/noshi-option		
配送日指定		
配送日時指定 .amp https://apps.shopify.com/d		
再入荷お知らせ		運用面での負担が軽減され、顧客からの問い合わせにも対応しやすくなります。商品が在庫切れの場合に通知メールを登録できます。在庫が入ったのち自動的に登録者に案内をだせます。
Back In Stock https://apps.shopify.com/back-in-stock		

※本書で紹介するアプリ＆サービスのリンク集は、巻末の読者特典からも利用できます（P.359）

Chapter 3

フロントとバックオフィスの必須知識

領収書	
Quick Order Printer https://apps.shopify.com/ documents-development	特に日本の EC 利用者から要望の多い機能です。任意に発行やカスタマイズでマイページから領収書のダウンロードも可能です。
問い合わせページ	
Form Builder with File Upload https://apps.shopify.com/custom-forms	デフォルト機能では、名前と自由記入欄のみなので、問い合わせの種類によってフォームを作ると効果的です。Shopify では、通常問い合わせメールは1つのメールアドレス宛しか受信できません。部署が複数あるさいなどに便利な機能です。
レビュー	
Judge.me Product Reviews https://apps.shopify.com/judgeme	商品レビューは購入を助けるという意味合いと、ユーザーの声があることでお問い合わせ件数の削減にもつながります。「Judge.me」は、購入者が画像をアップできる機能が魅力です。
ランディングページ制作	
Shogun Landing Page Builder https://apps.shopify.com/shogun	「Shoggun」がデザインにこだわる一方、「pagefly」は操作がシンプルで作りやすいです。また、「Shoggun」は有料プランのみですが、「pagefly」には無料プラン、日本語サポートがあります。
PageFly Landing Page Builder https://apps.shopify.com/pagefly	

✓ バックオフィスのためのオススメ Shopify アプリ

続いて、バックオフィス業務でよく使われるオススメの Shopify アプリを紹介します。

図表27-2 バックオフィス向けアプリ

機能別アプリ一覧	説明
データ編集（CSV アップロード）	Shopify の管理画面で表示されているデータは、アプリを使うと CSV で一括編集が可能です。「Matrixify」は他プラットフォームからの顧客データや受注データ、商品データの移行や、日々の運用に便利なアプリです。デフォルトのデータ構造に加え、「matafields」という拡張部分の更新も可能です。
Matrixify (Excelify) https://apps.shopify.com/excel-export-import	

配送伝票印刷

配送マネージャー
https://apps.shopify.com/haisou-manager

Japan Order CSV
https://apps.shopify.com/japan-order-csv

Ship&co
https://www.shipandco.com/ja/

Shopifyのデフォルトにない機能ですが、OMSを導入すればアプリでの対応は不要です。また、「配送マネージャー」「Japan Order CSV」「Ship&co」などのアプリやサービスで、日本に合わせた配送伝票に変換が可能です。

ピッキングリスト

Order Printer
https://apps.shopify.com/order-printer

Shopifyのデフォルト機能にありますが、日付指定やギフト／のし対応などを読み取りたい場合はカスタマイズが必要です。OMSでも対応できます。アプリでは「Order Printer」での対応が可能。このアプリはShopifyが提供しており、どんなテーマにも合いやすいアプリです。

在庫通知

Merchbees Low Stock Alert
https://apps.shopify.com/merchbees-low-stock-alert

在庫切れのさいに通知を受け取れます。Slack連携も可能です。

注文上限設定

Order Limits - MinMaxify
https://apps.shopify.com/order-limits-minmaxify

Shopifyのデフォルトにない機能です。「Order Limits」を使うと、上限・下限ともに注文数の制限を設定できます。

不正検知

Beacon Fraud Protection
https://apps.shopify.com/beacon

Shopifyのデフォルト機能にもありますが、アプリを利用することでSMS認証や行動分析などさらに精度の高い不正検知が可能です。ブランド品や換金しやすい電化製品・フィギアなどの商材を扱う場合、アプリでも対応することをオススメします。

※本書で紹介するアプリ&サービスのリンク集は、巻末の読者特典からも利用できます（P.359）

⊘ 【重要】Shopifyアプリ利用の注意点

　手軽に機能追加ができ、一見便利そうなアプリですが、使いこなすにはいくつか注意しておきたいことがあります（2021年7月時点の情報です。今後のアップデートで改善される可能性があります）。

アップデートの管理

　Shopifyのアプリは、開発パートナーの企業が開発・提供しているものが大半です。なかでも海外製のアプリが多く、説明が英語中心で詳細がわかりにくいという点がハードルになります。さらに、**アプリによってアップデートのタイミングがバラバラで、個別に通知が来るわけでもないので、運営者自ら情報をチェックしていく必要があります**。

　特に複数のアプリを使っている場合、そういった情報収集をすること自体が大変です。また、フロントの表示に影響するアプリを入れすぎるとサイトが重くなることがあるため、コードを直接編集するなどして開発したほうがよい場合もあります。

　誰でも簡単にストアを開設できるShopifyですが、アプリに関する最低限の知識が求められることは念頭に置いておきましょう。

　もし、アプリで悩んでしまったら、Shopify公認パートナーの助けを借りるのもオススメします。Shopifyは基本的に、Shopify自体に問い合わせをするよりも、パートナーの力を借りることを前提としたサービス構成となっているからです。Shopify公認パートナーについては、第6章で詳しく解説します。

アプリの入れすぎにも注意

　アプリを活用することで、デフォルト以外のさまざまな機能を追加することができます。とても便利ですが、**あれもこれもと数を入れす**

ぎると**ECサイトが重くなるため、注意が必要**です。数個程度ならそこまで問題ではありませんが、十数個、二十数個と入れる場合は確実にECサイトが重くなります。アプリを使うよりも、カスタマイズしたほうがよい場合もありますので、使いたいアプリの数が多くなる場合は、Shopify公認パートナーに相談することをオススメします。

◎ 日本の商習慣へ対応する場合の注意点

本書でたびたび触れていることですが、Shopifyのデフォルト機能は、日本ならではの多くの商習慣に対応していません。具体的には、配送日指定や、ギフト・のしへの対応、配送伝票表印刷などです。また、日本の顧客から要望の多い領収書発行についても、デフォルト機能では対応していません。

これらの機能は独自に開発するか、先述したアプリで対応することになります。しかし、アプリで対応するさいには注意が必要で、OMSを導入している場合は、アプリで対応した内容がそのままではOMSに反映されないため、カスタマイズが必要になります。また、OMSを導入していない場合でも、最終的にWMS（Warehouse Management System；入庫管理・在庫管理システム→P.136で後述）に反映させる必要があるため、注意が必要です。**データがきちんと反映されるかどうかは、アプリを導入するさいに必ず確認しましょう。**一方、配送伝票印刷のアプリは、OMSを導入している場合は必要ありません。

アプリではありませんが、代引きを設定する場合も注意が必要です（P.135参照）。

EC運営にまつわる
集客の全体像を把握する

集客にもさまざまな手法が存在しますが、Shopifyは特にSEOに対策がしやすいプラットフォームです。ここでは、集客の全体像を把握したうえで、SEOがどのような立ち位置にあるのかを解説します。

EC運用における集客の全体像とその分類

　EC運用における集客の全体像を図で表すと、図表28-1のようにまとめられます。ひとくちに集客といっても、さまざまな手法が存在することがわかります。このなかで、自社が扱う製品に合いそうな手法に注力することが重要です。なお、この図はおもに新規顧客に対する集客手法となっています。

図表28-1 EC集客の全体像

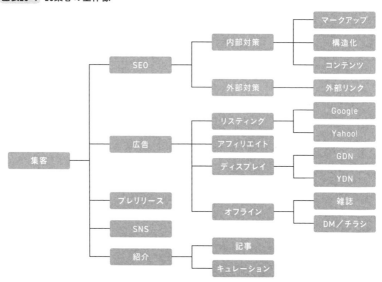

⊘ ECサイトの売上には2つの考え方がある

EC運用における集客の全体像について考えると、ECの売上には、**ベースの売上と、マーケティングにより積み上げていく売上とがある**ことがわかります。

ベースの売上

ベースの売上は、企業のマーケティング活動に依らず、**顧客が自身のニーズを解決するブランドや製品を自ら認知して購入に至った売上**です。ベースの売上は、対策を行なったからといってすぐに効果が出るわけではなく、中長期的な計画が必要です。

一方で、一度効果が出はじめると、安定した売上につながります。そのため、ECサイト構築時点から対策を続けていくことをオススメします。ベースの売上において特に重要なのが、検索流入です。検索流入を増やすために行うのがSEO対策です。図表28-1からもわかるように、SEO対策にはさらに内部対策と外部対策とがあり、特に重要なのが内部対策です。

マーケティングによる売上

一方で、マーケティングにより積み上げていく売上は、文字通り**何らかのマーケティング施策により獲得できる売上**です。比較的すぐに効果が出ますが、マーケティング施策を実施したときは売上が上がるものの、その効果は長くは続きにくいです。

代表的なのが、広告による売上でしょう。広告にも、リスティング広告やアフィリエイト広告、ディスプレイ広告などさまざまな種類があります。最近では、SNSの台頭により、SNS広告も注目されています。

✓ ShopifyはSEO対策がしやすいプラットフォーム

　Shopifyは、ベースの売上を上げるため、**検索流入を増やすのに効果的な、SEO対策の内部対策を行いやすいプラットフォーム**です。自社サイトにおいて検索流入はとても重要です。しかし、SEO対策をどの程度行うことができるかは、プラットフォームのシステムに依存するところが大きいのです。そのため、プラットフォームを選ぶときには、SEO対策がどこまで行えるのか、導入前にチェックしておくことをオススメします。具体的なSEO対策については、次のセクションで説明します。

EC集客の必須知識

Shopifyを使うさいの SEO対策のポイント

Shopifyは、SEO対策に強いプラットフォームです。ここでは、Shopifyででき るSEO対策について、デフォルト機能で対応できることと、さらに対策を行 いたい場合にオススメのアプリについて紹介します。

✓ Shopifyがデフォルトで備えているSEO対策機能

　Shopifyでは、各ページの設定や管理画面から設定可能な、さまざ まなSEO対策機能を備えています。

ページごとの「title」「description」設定

　Googleなどの検索結果に表示され、ページタイトルと説明を表す title、descriptionタグの両方を、ページごとの編集画面で設定できま す。そのさい、ユーザーに表示するテキストと、title、descriptionタ グによって検索エンジンに読ませるテキストを分けて記述することが できます（図表29-1）。商品ページ、カテゴリページ、コンテンツペー ジ、すべてに設定可能です。

canonicalタグ

　あまり知られていませんが、Shopifyの非常に優れた機能です。商 品登録のさいに「バリエーション」（カラーやサイズ等）を登録した場合、 バリエーションごとにURLが生成されます。この場合、代表の商品 にcanonicalタグが当たるように設計されており、ECサイトでよく起 きるURLの重複を最小限に抑えることが可能です（図表29-2）。

図表29-1 title、descriptionタグの設定

ページの編集画面を開き、画面一番下の［ウェブサイトのSEOを編集する］をクリックするとtitle（ページタイトル）、description（説明）を設定できる

図表29-2 canonicalタグは自動設定

ページの編集画面で［バリエーション］にチェックを入れて、商品を分けた場合、バリエーションごとにURLの正規化が行われる

管理メニューの［オンラインストア］→［メニュー］から、［URLのリダイレクトを表示］→［URLリダイレクトを作成］を選択。リダイレクト元のURLとリダイレクト先のURLを設定できる

リダイレクト設定

　ECのプラットフォームのリプレイスでは、旧URLから新URLへ転送するリダイレクト設定が必要です。通常、リダイレクト設定はサーバーで行う必要があるのですが、Shopifyでは管理画面から設定でき、サイトリプレイスのときに大変便利です（図表29-3）。

構造化データ

　Shopifyでは、テーマのなかに構造化データが入っています。これは、ページコンテンツを検索エンジンが読みやすいようタグづけしたものです。テーマに沿ってコンテンツを作成するだけで、検索エンジンに読まれやすい形に作成できます。

　デフォルトで用意されているShopifyのテーマには、organizationやproduct、article等の構造化データがはじめから用意されています（Debutなど）。

　有料で公開されているテーマに関しては、作成者によって反映されているものと、そうでないものがあるため、実際にテストしてみて

コードを確認いただくとよいでしょう。ない場合も、後述するSEO
対策ができるアプリケーションを使うと可能です。

ストア速度の最適化

　サーチエンジン対策が最適化されているかどうかは、検索結果の
ランキング順を決めるスコアの測定にも影響を与えます。Shopifyで
は、サイトの評価やパフォーマンスを測るGoogle Lighthouseの指標
に基づいたスコアを、管理画面からいつでも確認できます（図表29-4）。
Google Lighthouseに直接アクセスすることなく、Shopify上確認でき、
履歴も自動的に残るため、ストアの改善にたいへん重宝します。各種
SEO対策を行ったあとは、こまめにスコアをチェックしましょう。

図表29-4　オンラインストアの速度

Shopifyの管理メニューの［オンラインストア］→［テーマ］を開き、［オンライストアの速度］→
［レポートを表示する］を選択する

✅ SEO対策ができるShopifyアプリ

　Shopifyでは、デフォルト機能のほかにも、次のようなアプリを利用することで、さらなるSEO対策が可能です。

SEO対策アプリ

> SEO Optimizer: All-in-one SEO
>
> https://apps.shopify.com/booster-apps-seo-optimizer

　画像のAltタグや先述の構造化データの反映が可能です。

フロントとバックオフィスの必須知識

決済システムに関する必須知識

Shopifyを使うさいの
決済処理のポイント

Shopifyには、他のカートサービスにはない、さまざまな独自の強みがあります。Shopifyがスタートアップから大企業にまで選ばれる理由のひとつが、ここで紹介するような強みを備えていることです。

✓ 必要な決済手段を選べる決済の自由度

　ECプラットフォームでは、プラットフォーム側がいくつかの決済サービスと契約しており、EC事業者がその決済サービスを利用するときにマージンを取られる形が一般的です。

　対してShopifyの場合は、まずクレジットカード決済やApple Pay等を扱える「Shopifyペイメント」という決済サービスがあります（図表30-1）。また、その他の決済手段については、PayPalやAmazon Payといった公式連携ができているもの（図表30-2）や、Shopifyとアライアンスがある決済サービスのなかから、EC事業者が必要なものを選んでID連携でつなぐという形で対応可能です（図表30-3）。

図表30-1 Shopifyペイメント

管理メニューの一番下［設定］→［決済］から、Shopifyペイメントの設定が可能。各種クレジットカードの他、Apple PayやGoogle Payも使うことができる

Shopifyでは随時決済プロバイダーとのアライアンスが拡充しており、様々な決済が現在ではつながるようになっています。

図表30-2　公式連携できる決済手段

［決済］の設定画面では、PayPalエクスプレスチェックアウトやAmazon Payも設定可能。

図表30-3　その他の決済手段

その他、［外部サービス］［代替決済方法］からはShopifyと提携しているさまざまな決済サービスを追加可能

◯ Shopifyストア同士をつなぐ「Shopify POS」

Shopifyの決済手段のひとつに、第2章でも説明した「Shopify POS」があります。これは、Shopify POSに対応しているShopifyの**いずれかのストアで会員登録をすると、Shopify POSに対応している別のストアでも、ユーザーが同じIDを利用するだけでそのIDに紐づいた会員情報が利用できる**という仕組みです。この仕組みを利用すれば、ユーザーは一度どこかのShopifyストアで会員情報を登録すれば、他のShopifyストアで新たに情報登録をする必要がなくなり、Shopifyストアでの決済のハードルが下がります。

◯ カート機能だけ切り出して使うことも可能

実は、ShopifyでECサイトを作らなくても、**カート機能だけを切り出して利用する**ことができます。つまり、ECサイトの裏側の機能だけ利用することができるということです。

この仕組みを利用することで、たとえば、WordPress等別のCMSで作ったWebサイトにShopifyのカート機能をつけたり、Webサイトはなくアプリだけを運営してShopifyのカート機能を利用したりすることも可能です。

◯ 【重要】決済の注意点

決済手段の選択肢が豊富で、販売時の自由度が高いShopifyですが、注意点もあります。

代引き利用の注意点

Shopifyでの代金引換（代引き）は、決済設定の［手動の決済方法］から［Cash on Delivery(COD)］を選択すると利用できます。

ただし、「○○円以上で手数料△△円、●●円以上で手数料××円」

というように、商品代金によって手数料を変えることができません。

　また、デフォルトの機能では受注メールに手数料が記載されないため、通知メールをカスタマイズするなど購入者に別途通知をする改修が必要になります。

　現在では支払い拒否も問題になっているため、代引き利用が多いマーチャントも、代替の決済手段になる「後払い決済」等に切り替えることが増えています。

図表30-4　手動の決済方法

売り越しが発生してしまうことも

　Shopify ペイメント以外の決済はシステムに内包する形ではなく、外部連携になっています。購入のさい各決済のサービスにで処理を行い、その結果をShopifyに戻すという仕組みになっています。大量に同時に注文が入った場合、決済完了時点で在庫が引き当てられるため、非常に稀ですが過剰受注になってしまうことがあります。現時点では運用でカバーする方法が一般的で、大きなキャンペーンのさいなどは実在庫よりも少なめに在庫を登録しておき、対応することを推奨しています（Shopifyは機能アップデートが多いため今後改善に期待です）。

受注処理の必須知識

Shopifyを使うさいの 受注処理のポイント

Shopifyにおける受注処理は、手動で行うかOMSを利用するかで手順が異なります。手動で行う場合も、アプリ活用により効率化できます。また、Shopifyは注文内容の変更に関する自由度が高いのが特徴です。

⊘ 手動で行うかOMSを利用するかで処理が異なる

Shopifyの受注処理は、**手動で行うか、OMSを利用するかで手順が異なります**。手動で行う場合は、Shopifyのデフォルト機能だけで行うと手間がかかってしまうため、アプリの利用をオススメします。しかし、Shopifyのアップデートに対応していないアプリでは1度に処理できる件数が制限されていることもあるため、1回の受注処理で複数回の作業が必要な場合があります。

複数店舗の運営もしくは売上規模が大きくなった段階で、OMSを導入して**WMS**(Warehouse Management System;**入庫管理・在庫管理システム**)とつなぎこむことで、データ処理のミスを防ぎ、業務を効率化できます。OMS導入のタイミングとしては1人で業務が回らなくなったときです。

手動の受注処理

管理画面において、受注データのうち未発送・決済完了状態の受注データを抜き出し一括チェック、CSVでデータをダウンロード後、データを最適化して、物流倉庫のフォーマットに合わせて流し込みます。人の手が介在する限りミスはゼロにはならないので、防止策とともに、ミスが起こったさいにどう対処するのかもあらかじめ定めておく必要があります。

OMSを利用した受注処理

OMSを利用することで、システムやプラットフォームごとに異なる受注データを均一化して、物流倉庫に渡せます。OMSは、特に複数店舗を運営するさいに役立ちます。また、運営サイトが1つでも、データの均一化によりアナログ処理によるミスを防ぎ、物流倉庫でデータを受け取りやすくなります。ひとつの目安として月商数百万円（受注件数300件以上）程度の売上規模になったらOMS導入がオススメです。

図表31-1 手動とOMSによる受注処理の違い

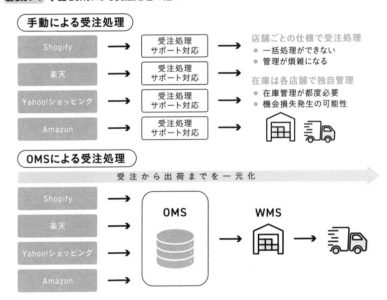

✅ 注文内容の変更も管理画面でシームレスに対応

注文内容変更については、運用負荷が大きくなりがちなので、あらかじめ顧客対応の基準や手続きを明確に定め、顧客にも明示したうえで、負荷を最小限にするとともに、運用の混乱を避けられるようにし

ましょう。

　Shopifyにおける注文変更については、一部返金や返品処理など、基本的なことは管理画面上で対応できます。管理画面でシームレスに対応できるので、運用にあまり負荷をかけずに処理できるのも、Shopifyの特徴です。

　また、追加注文への対応も可能ですが、決済のためのURLを顧客に送る必要があります。これは、どういったカートシステムでも追加注文のさいには共通して必要な手続きです。ただし、Shopifyは他のプラットフォームに比べ、注文変更に伴う決済のやり直しに関する自由度が高くなっています。たとえば、他のプラットフォームでは、1万円の受注の注文内容変更は、1万円以下になる変更しか対応できません。しかし**Shopifyでは、金額に関わらず、商品を入れ替えて、顧客にメールを送信、そのメールから注文と決済の手続きを進めてもらえます**（図表31-2）。

図表31-2　注文が更新されたときの画面

元々の注文内容を変更し、購入者に差分の決済を促すメール例

サポートの必須知識

Shopifyを使うさいの
カスタマーサポートの基本

カスタマーサポートにおいて重要なのが、効率化できる部分は効率化したうえで、時間をかけるべきところに集中することです。Shopifyには、メール対応効率化のための仕組みが備わっています。

✓ 豊富なメールテンプレートで対応を効率化

Shopifyの特徴として、カスタマーサポート（以下、CS）のための通知メールのテンプレートが豊富という点が挙げられます（図表32-1）。**テンプレートを活用することで、CSにおけるメール対応を効率化で**きます。また、返金・返品などは自動でメール対応を行うこともできます。代表的なテンプレートとしては、以下のようなものがあります。

図表32-1 Shopifyの代表的なメールテンプレート

支払いエラーメール	注文確認メール
何らかのエラーで注文が完了していないことをお知らせするメール	注文情報を記載したメール
カゴ落ちメール	発送完了メール
決済前の顧客へ購入を促すリマインドメール	商品が発送されたことを顧客へ通知し、配送番号を伝える
キャンセルメール	返品完了メール
注文のキャンセル処理の完了をお知らせするメール	返品処理の完了をお知らせし、その後の案内も追記する

特徴的なテンプレートとして、カゴ落ちメールがデフォルトで備わっていることや、「発送情報の通知（発送完了メール）」があります。発送情報の通知テンプレでは、配送会社の問い合わせ番号が記載され、そこから各社の問い合わせ番号入力ページに飛ぶことができ、CSへの配送状況確認の問い合わせを減らすことができます。

　注意点として、Shopifyは海外発のプラットフォームということもあり、テンプレートが豊富ではあるものの、文面が日本の顧客向けにはシンプルすぎるという場合があり、多少手を加えたほうがよい場合もあります（図表32-2、図表32-3）。

図表32-2　メールの通知設定画面

管理メニューの［設定］→［通知］を開くと、自動送信される通知メールのテンプレートをカスタマイズできる

図表32-3　カゴ落ちのチェックアウト設定

カゴ落ち通知メールの有無やタイミングは、管理メニューの［設定］→［チェックアウト］→［カゴ落ち］から行う

✅ カスタマーサポートの体制構築の目安

EC運営におけるCSは、年商や商材、電話の有無などの対応方針によって、どの程度の体制が適切か異なりますが、おおよその目安を解説します。

まず、売上規模が小さなECサイトでも、最低限2名体制が基本です。人の手を介する限り必ずミスは起きるので、作業者と確認者とでダブルチェックができる体制が理想です。しかし実際には、商材単価5,000円～10,000円程度のECサイトなどで、月商300万円程度までは1名体制というケースが多いようです。

月商300万円～1,000万円程度の売上規模のECサイトになると、CSは2～3名程度の体制が望ましいです。さらに月商1億円程度の売上規模になると、5～10人前後の体制が必要になるでしょう。このくらいの規模になると、CSのなかでも、受注担当者など役割が細分化されていきます。

✅ そもそも運用負荷を下げるサイト構築も重要

Section24でも触れましたが、**フロントとバックオフィスの両方において、そもそもCSの運用負荷が小さくなるように、サイトや運営体制を構築しておく**ことも重要です。

たとえば、注文に関するガイドやFAQをECサイトのわかりやすい位置に表示しておくことで、よくある質問をそこで解決してもらい、問い合わせを減らすことができます（Section 34で後述）。また、すでに紹介していますが、デフォルトの問い合わせページにアプリを利用して、返品交換などを分類して対応できるようにすることで、返品処理が効率化されます。ほかにも、アプリを利用して再入荷お知らせ機能を追加することで、入荷情報をリアルタイムで把握し、顧客からの問い合わせがある前にサイト上で案内を行うことも可能です。

サポートの必須知識

カスタマーサポート向けの Shopifyアプリ選択基準

Shopifyアプリを利用することで、メールやSNS、チャットなど、顧客とのさまざまなコミュニケーション手段を導入できます。ここでは、カスタマーサポートにおけるアプリの選択基準を解説します。

✅ アプリで対応できる場合とそうでない場合

　Shopifyの公式アプリストアでは、カスタマーサポートに関するさまざまなアプリが提供されています。メッセージングやチャットのアプリに絞っても、数にして100以上のアプリが提供されています。

Shopifyストア単体の場合

　運営しているECサイトがShopifyストア単体である場合は、そういったShopifyのアプリを活用することで、十分なカスタマーサポートが実現できます。そのなかでも特に、Shopifyが提供しているアプリが使いやすく、オススメです。たとえば、「Shopify Inbox」があります。

　また、チャネルトーク（英字：Channel.io）というアプリでは、Shopifyの顧客情報と連携でき、Shopifyの管理画面から好きなページに設置できます。

Shopifyストア＋モールの場合

　一方で、モール出店などShopifyストア以外にもECサイトを複数運営している場合は、カスタマーサポートをアプリのみで対応することが難しくなります。その場合、問い合わせ管理ができる外部のサービスを利用することをオススメします。

よく利用されているカスタマーサポートの外部サービスとしては、たとえば、メールを始めとした問い合わせ管理システム「MailDealer(メールディーラー)」や「Re:lation(リレーション)」。そのほか、メッセージングやチャット、SNS、メール、電話など複数のチャネルを包括的に管理できるカスタマーサポートプラットフォーム「Zendesk(ゼンデスク)」などがあります。

図表33-1 カスタマーサポート向けアプリ&サービス

アプリ&サービス名	説明
Shopifyストア単体の場合	
Shopify Inbox https://apps.shopify.com/chat	Shopifyが提供している無料アプリ。実装が容易で、管理がしやすい
チャネルトーク (Channel.io) https://apps.shopify.com/channel-io	LINE公式アカウントとも連携が可能。CSを超えて、ユーザー満足度のためのコミュニケーションツールとして使うことができる
Shopifyストア+モールの場合	
MailDealer https://www.maildealer.jp/	多くのEC事業者で使われているサービス。メール管理の老舗のため、ノウハウが豊富で使用しているユーザーも多い
Re:lation https://ingage.jp/relation/	UIが直感的で使いやすいサービス。オプションで日本のキャリアメールに送るためのアドレス発行があり、不達を防ぐことができる
Zendesk https://www.zendesk.co.jp/	海外製のサービス。Shopifyアプリストアにもアプリが提供されており、データの連携が容易

※本書で紹介するアプリ&サービスのリンク集は、巻末の読者特典からも利用できます（P.359）

顧客が求めていることは FAQで解消する

「顧客」が何を求めているのかを知り、CSの体制構築に生かすことで、作業を効率化できます。CS体制を整えることは顧客にとっても有益なことであり、ストアの信頼度につながる施策であると言えます。

✓ よくある質問はFAQに記載しよう

CSにおいて、よくある質問はとても重要です。CS全体でよくある質問を蓄積していき、それに対する回答と合わせて、FAQに掲載していきましょう（図表34-1）。FAQに掲載していくことで、顧客はわざわざ問い合わせをしなくても、前もって疑問を解消できるようになり、問い合わせが減ります。よって、CSの負荷軽減と業務効率化につながります。

よくある質問をFAQに掲載するために、まずはCSで顧客からの質問を共有して、蓄積していける場を設けるようにしましょう。よくある質問を共有するだけでも、CSの対応力向上につながるメリットがあります。

✓ 代表的なよくある質問の分類

顧客からのよくある質問には、いくつかの分類があります。ここで、代表的なよくある質問の分類をあげていきます。こういったよくある質問への対応方法は、あらかじめルール化して、CSメンバーで共有しておきましょう。

① 注文状況確認

注文変更に関する確認と、配送状況に関する確認があります。

図表34-1　よくある質問をFAQにまとめる

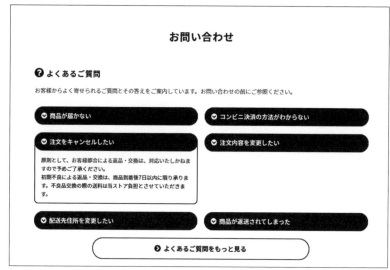

ここでは「お問い合わせ」画面内に、FAQをまとめている。これにより、問い合わせ前に疑問を解消してもらうのが狙い

　Section 31の受注処理で解説した通り、Shopifyでは注文変更に管理画面からシームレスに対応できます。

　配送状況に関しては、Section 32で解説した通り、「発送情報の通知」のメールテンプレートを使うことで、配送会社の問い合わせ番号と各社の問い合わせ番号入力ページへのリンクを案内できます。

② 商品瑕疵

　顧客のもとに届いた商品に不備があった場合の問い合わせです。スピーディーな対応が求められますが、一方で、いつ誰のどういった商品瑕疵があったのか、事実確認と記録も怠らないようにしましょう。

③ 返送返品

　返送返品については、専用アプリでも対応できるので、アプリを利

用すると便利です。返品返金なのか、代替品を送るのかでも対応が異なるので、対応手順を明確にしておきましょう。

「返品くん」は、返品フローを構築可能なアプリです。返品理由等の管理も可能なため改善にも活かせるのが特徴です。

返品・交換フローアプリ

返品くん

https://apps.shopify.com/shopify-application-180

④ 顧客情報変更

　顧客から、メールアドレスなどの連絡先や住所変更の連絡があった場合は速やかに対応して、重要な連絡や商品が届かないという事態を防ぎましょう。Shopifyのデフォルト機能では、顧客情報の変更は、顧客からの連絡を受けた後、ストア側の「顧客管理」の設定で変更する必要があります。

物流を自社でやるか
他社でやるか

物流は、売上規模が小さい段階では、一度自社でやってみること、物流の現場について理解できます。そのうえで、売上規模などに応じて外注すると、自社に合った外注先を選びやすくなるはずです。

⊘ 目標とする売上規模や品質基準により異なる

　物流を自社で行うべきか、外部の物流倉庫に委託すべきか、**どちらがよいかは、売上規模によって異なります。また、取り扱う商材によっても異なります。**

　一般的に、売上規模が小さいうちは、自社で物流まで担うことが多いはずです。物流といっても、本格的な設備があるわけではなく、最初は自社のオフィスの片隅で商品を保管して、そこから発送作業を行うというような形も多いでしょう。

　そうやって物流を自社で対応できるのは、商品単価にもよりますが売上規模の目安としては、月商300万円程度までです。外注には目に見えるコストがかかりますが、自社で行う場合も、人的リソースやそこに割かれた時間などの見えないコストが発生しています。月商300万円以上になると、コストがかかっても外注して物流を効率化したほうが結果的に安くなる可能性が高いです。

　また、自社で物流を担っていて限界が近づくと、ピッキングミスなどの受注ミスが目立ってきます。ミスが増えてきたなと感じる場合、大きなクレームになる前に外注を検討すべきです。

　さらに、売上と合わせて考えたい物流を外注すべきどうかの目安が、取り扱い商材に求められる商品保管や梱包などの品質です。これらの品質は、専門の物流倉庫に委託したほうが確実に上がります。単

価が高い商材ほど、顧客が求める物流のレベルも高くなります。単価に見合った商品の状態や梱包でないと、クレームにつながることになりかねません。

✓ いずれは外注すべきだが、最初は自社でやるべき

前述の通り、ECの物流は、適度なタイミングで委託したほうがよいのですが、一方で最初は自社でやってみることをオススメします。なぜなら、自社で物流を担う経験をすることで、物流倉庫で実際にどういった作業が発生するのか、梱包レベルはどの程度が求められるのか、配送リードタイムはどの程度を想定すべきなのかなど、現場の感覚がつかめるからです。物流倉庫での作業としては、次のような作業がありますが、これらをテキストで見るだけと、実際に自社で行ってみるのとでは、実感としての理解度が違います（図表35-1）。

図表35-1　物流のフロー

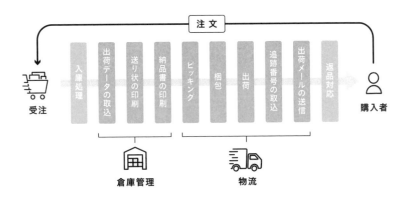

出典：LOGILESS Blog「ECサイト運営の受注～出荷まで全てを自動化！『OMS・WMS一体型システム』のメリットとは？」（https://www.logiless.com/blog/ec-trend/1821/）

自社で経験したことを踏まえて、物流を外注するときは、**ブランドとしてどの程度の基準で運営したいのかを明確にして、委託先の物流倉庫に伝えましょう**。自社での物流経験がないと、この基準が現場とずれてしまいがちで、実際に運用を開始すると基準通りに進めることが難しかったということも起こりやすくなります。逆に、自社で物流を経験する機会がない場合は、そういったずれが起こらないように、作業の洗い出しや物流倉庫とのすり合わせを入念に行いましょう。

　最近では、実店舗を持っていて、最初は実店舗で物流を担い、一定の売上規模になったら外部委託するというパターンも増えています。

倉庫との連携、物流会社との連携

外部委託する物流倉庫を選ぶ場合、まず、システム面での連携がうまくできるかを確認しましょう。また、コミュニケーションがうまくできるかという、人の連携も重要です。

✅ 連携の要である物流倉庫のWMSの確認しよう

　物流を外部の物流倉庫や物流会社に外注する場合、まずは**その倉庫で使用しているWMS**（Warehouse Management System；入庫管理・在庫管理システム）**を確認**しましょう。システムを入れておらず、アナログで対応しているというところは、トラブルのもとなのでまず避けましょう。

　物流倉庫選びのポイントについては、次のセクションのトラブル対策で解説しますが、WMSについて言うならば、いくつかのWMSの利用経験がある物流倉庫だと、それぞれの運用の良し悪しを判断したうえでシステムを選んでいると考えられるので、理想的です。

　どういったWMSを使っているか確認するとともに、Shopifyから出したデータを問題なく読み込めるかの確認も重要です。また、配送日指定のアプリやギフト／のし対応のアプリを使っている場合、そのままでは、受注データに反映された配送日やギフト／のし対応のデータが、WMSに反映されないということが起こるため、そういった反映ができるような対応が必要です。

　OMSを導入している場合は、OMSと連携できるか、データを問題なく読み取れるかどうかの確認も行いましょう。OMSを導入していると、物流倉庫を新たに選ぶ場合や、移転する場合でも、OMSで均一化されたデータを中心に考えることができるので、連携の確認や実際の物流での作業が効率化されます。

✓ コミュニケーションを密に取れる環境を作ろう

Shopify や OMS のデータが WMS と問題なく連携できるかの確認とともに、物流倉庫側の担当者と頻繁にコミュニケーションを取ることができる環境かということも、物流倉庫を選ぶときに確認したい重要な点です。検討段階で担当者とやり取りするなかで、コミュニケーションに問題がなさそうか確認しましょう。

確認すべき点としては、まず、コミュニケーションのツールです。メールよりもチャットなどのツールが導入されているほうが、頻繁に連絡を取りやすくなります。ツールだけでなく、実際に担当者とやり取りをするなかで、レスがどのくらい早いかも参考になります。また、定期的に改善MTGを設定することも重要なので、対応してもらえるか確認しましょう。さらに、運用体制の構築やテストを進めるなかで、少しでも規定と違うことがあったときに、都度確認してくれるかということも重要です。確認せずに現場の判断で進められてしまうと、大きなトラブルにつながる恐れがあります。

✓ ミスは必ず起きるという前提に立って運用する

どんなに対策をしても、必ずミスは起こります。ミスをゼロにしようとするのではなく、ミスは起こるという前提に立ったうえで、どこまでミスを減らせるか、ミスが起きたときにいかに早く対応できるかという考えのもとに、物流を運用することが重要です。そのためにも、前述の担当者との密なコミュニケーションを取れる環境が必要です。

最近では物流倉庫の自動化が進んでいますが、自動化されていてもミスは起こります。たとえば、台風で配送停止になっている地域に配送してしまったり、発売日前に発送してしまったりという設定のミスが起こりがちです。自動化された物流倉庫でも必ず人の手による制御が必要で、ミスは必ず起きるという前提に立つことが重要です。

物流トラブルを
最小限にする運用方法

物流でのミスは、どんなに対策をしても起こるものとはいえ、最小限にとどめたいものです。そのために注意したい点を解説します。

✓ 似たような商品を扱っている倉庫が安心

物流倉庫選びの大前提として、**自社の取り扱い商材と似たような商品を扱っている倉庫がオススメ**です。その商品を扱ううえで大事にしなければならない部分や、梱包の方法やレベル感、オペレーションなどは商品によって異なるため、似たような商品の経験が豊富な物流倉庫のほうが安心です。たとえば、食品とアパレルでは物流倉庫に求められることがまったく違います。それまでとはまったく違う商品を扱うとなると、コストも余計にかかりますし、ミスも起きやすくなります。これまでの実績を担当者に確認するだけでなく、倉庫を実際に訪問してどういった商品を扱っているか確認できると、より安心です。

✓ 責任者と現場スタッフの温度差はないか

その物流倉庫で扱っている商品を確認する目的以外にも、定期的に現場を訪問することは重要です。そこで確認したいのが、**責任者と現場スタッフに温度差がないか**ということです。決済者の情報をすべて鵜呑みにしないことは、トラブルを避けるために必要なことです。たとえば、責任者が積極的でも、現場スタッフに活気がない場合などは、トラブルが起こりやすい環境になっている可能性があります。

✓ 倉庫に確認すべきことと伝えるべきこと

無理な運用は必ずトラブルにつながります。無理な運用をしないた

めに、物流倉庫を選ぶときには、必ず**1日の最大出荷キャパシティ**を確認しましょう。

また、EC運営は出荷数に波があるのが特徴で、1日に100件出荷があることもあれば、1日10件しか出荷がないときもあります。最大出荷数とともに、**波のある出荷に対応できるのか**も確認しましょう。

さらに、最大出荷キャパシティ以上の出荷があったときに、どのように対応するかも確認しましょう。ただ「対応できます」「がんばります」という回答の場合は、残念ながら実際には対応できない可能性が高いと言えます。**繁忙期に合わせて派遣スタッフやパートスタッフを増やせる体制のある物流倉庫**であれば、安心して任せられます。

一方で、物流倉庫側に求めるだけでなく、EC事業者側が伝えるべきことをきちんと伝えることも必要です。平均的な出荷数と予想される最大の出荷数、売上に波状がある場合はそれもあらかじめ伝えるようにしましょう。繁忙期が決まっていたり、毎年決まった時期に大型セールがあったりする場合は、どの時期にどの程度出荷が増える見込みなのかもあらかじめ伝えます。

トラブルを最小限にするためには、一方的に要求を伝えるのではなく、**物流倉庫とEC事業者が一緒になってトラブルを防ぐ**対策をしていくことが重要です。

✓ EC事業者は現場の負荷を理解する必要がある

やりたいことをEC事業者が物流倉庫に伝えるとき、それにより現場にどのくらいの負荷がかかるかを理解していることが重要です。これは、Section 35でも解説した通りです。やりたいことを全部やろうとせず、現場の負荷を理解したうえで、無理のない範囲で運用体制を構築するようにしましょう。無理のある運用は、作業時間の増大やミスの確率を増やしてしまいます。

EC運営に避けては通れない 会計処理の基本

ECサイト運営を考えるときに盲点となりやすいのが会計処理です。しかし、どのプラットフォームを選ぶかによって会計処理が変わることもあり、EC運営の全体像に欠かせない業務のひとつです。

✓ ECサイトにおける会計処理のやり方

　本章の冒頭「EC運営にまつわる業務の全体像を把握する」でも触れましたが、会計はEC運営において盲点となりやすいところです。しかし、プラットフォームに何を選ぶかが会計に影響することもあり、会計までを含めてはじめてEC運営の全体像と言えます。

　ECサイトにおける会計処理は、**配送タイミングで売上を立てる**場合と、**受注タイミングで売上を立てる**場合とで、大きく2つに分けられます。商品を届けるということは所有権の移転になるため、本来であれば、商品が顧客のもとに到着したタイミングで売上を計上することになります。しかし、それでは不在で商品が戻ってくるなどの要因により到着確認に手間がかかってしまうため、一般には発送タイミングで売上を計上し、商品が戻ってきた注文に関しては売上をマイナス計上するという方法が取られます。この場合、月またぎの受注はズレが生じるため、注意しなければならない点です。

　また、ECサイトではクレジットカード決済がよく利用されます。一般的に、ECサイトでのクレジットカード決済では、受注後に与信を経て、発送タイミングで実売上処理を行い、売上が確定するとカード会社からの請求が行われます。しかし、Shopifyでは「Shopifyペイメント」によるクレジットカード決済の与信が7日間しかないため、すべて在庫があり直ぐに配送ができる事業者以外は、まずは受注タイ

ミングで売上を立てておき、決算時において受注済み・未発送の売上高を取り消す決算整理仕訳が必要となります。

✅ Shopify のクレジットカード決済と会計処理の注意点

　Shopifyにおけるクレジットカード決済が配送タイミングではなく受注タイミングで売上を立てることで注意が必要なのが、**予約商品**です。通常の在庫商品は受注から配送までにそれほど時間がかからないので問題になりませんが、予約商品の場合は商品がしばらく配送されない段階で請求だけが行われます。そのため、特に予約期間が長い商品などは、予約注文時や受注メールなどで案内を行なったほうがよい場合もあります。Shopifyのエンタープライズプランである Shopify Plus（第7章で解説）では、クレジットカード決済の与信期間が最大30日間まで（一部のクレジットカードブランドのみ）延長できますが、予約商品の期間としては十分ではありません。また、クレジットカードのブランドによって延長できる期間が異なり、追加手数料もかかるためこの選択をする事業社は非常に稀です。

　また、意外と問題になることがあるのが、受注タイミングでの実売り上げ処理が、**自社の会計ルールに適合するかどうか**ということです。クレジットカード決済の売上を受注タイミングで立てると、前受け金処理という勘定科目になります。Shopifyを利用する場合は、この点について、必ずあらかじめ会計士へ伝達しておきましょう。特に大企業においては、Shopify導入後にこの点が問題となることがあります。

✅ Shopify で外部の決済サービスを使う場合の注意点

　Shopifyにおいて、クレジットカード決済以外の外部の決済サービスを使う場合は、その決済サービスの与信枠となり、クレジットカード決済とは扱いが異なります。

Shopifyでは、クレジットカード以外の決済手段については外部の決済サービスと連携して利用することになるため、自由度が高いというメリットがある一方、サービスによって振込のタイミング異なり、入金の消し込みに手間がかかるというデメリットもあります。この点も、あらかじめ対応を考えておいたほうがよいでしょう。

　また、Shopifyの会計に関する特徴のひとつとして、会計ソフト「freee」と簡易連携が可能です。有効になった注文ごとにfreeeに取り込まれ、売り上げとして計上をすることができます。

Shopify POSの ロケーションを活用する

Shopifyでは、「Shopify POS」という機能を利用することで、ECサイトだけでなく実店舗での商品販売が可能になります。ここでは、そんなShopifyのオムニチャネル・OMO対策について解説します。

✅ 「Shopify POS」利用で実店舗での購入にも対応

　Shopifyは、ECサイトで商品を販売するだけでなく、実店舗での販売にも対応できる機能を持っています。それが第2章でも解説した「**Shopify POS**」です。Shopify POSは、Shopifyの通常プランであれば追加料金不要で利用できます。管理画面において設定を行い、実店舗で利用できる端末にPOSアプリをインストールして必要な設定を行えば、Shopify POSを利用できるようになります。

　Shopify POSを利用することで、実店舗においてShopifyの管理画面から顧客情報、商品情報、在庫情報を呼び出し、ECサイトだけでなく実店舗での販売に関しても、Shopifyで一括管理できるようになります。外部クレジットカード端末を利用することで、店頭でのクレジットカード決済にも対応できるほか、店頭での現金決済も可能です。

　さらにShopify POSでは、**1ロケーションあたり月額＄89の追加料金で、「Shopify POS Pro」**という機能を利用できます。Shopify POS Proでは、より本格的な実店舗販売が可能です。たとえば、ECサイトで購入した商品を実店舗で受け取ったり、返品・交換対応ができたり、逆に実店舗で購入した商品を顧客の自宅に配送できたりします。

　Shopify POSを利用することで、オムニチャネル展開が可能になり、さらにその機能を活用することで、オンラインとオフラインの垣根を

超えたOMO（Online Merges with Offline）の体験をユーザーに提供できます。

✓ Shopifyならではのロケーションの考え方

Shopifyで、Shopify POSのような機能が、追加料金不要、開発も不要で利用できるのは、Shopifyにおける「ロケーション」という概念が大きく影響しています。

Shopifyでは、Shopifyストアに対して、倉庫、小売店、ポップアップなどの複数のロケーションを設定することができ、**ロケーションごとに在庫データを持たせることができます**。たとえば、全体で5個の在庫を持っていたとして、「在庫5」というデータがあるだけでなく、「地点Aに2個」、「地点Bに3個」というデータの持ち方ができます。つまり、全体の在庫数に対して、それぞれどこのロケーションに何個の在庫があるのかということまで、管理画面において一括で把握できます（図表39-1）。

Shopifyは、ECのプラットフォームではありますが、そのシステムの作りは、ECだけでなく小売として考えられているプラットフォームと言えます。

図表39-1 ロケーションの管理画面

管理メニューの［Point of Sale］→［ロケーション］からロケーションを追加したり、管理したりができる

越 境 EC 成 功 の 極 意

徳田祐希

こんにちは！ 世界へボカン株式会社の徳田です。海外Webマーケティングに14年ほど取り組んでおり、Shopifyマーケティングエキスパートとして日本企業の海外進出のデジタルマーケティングの支援を行っております。

近年、内需の減少に伴い、海外向けに自社の製品の販売を検討されている方が増えています。そのなかでも多くの企業が越境ECに強いプラットフォームとしてShopifyを選ばれております。しかし、Shopifyで英語のECサイトを立ち上げたものの、売上が伸びない、何をしたらよいかわからないとお困りの方も少なくありません。

そこで、これから越境ECに取り組む方や既に越境ECに取り組んでいる方向けにShopifyを活用した越境ECのマーケティングのTIPSや成功するための考え方についてお伝えしたいと思います。

越境ECに最適なカート Shopify

長年、越境ECのコンサルティングに携わり、さまざまなカートでマーケティングに取り組ませていただいておりますが、Shopifyがスタートラインに立つスピードが圧倒的に早いといつもお伝えしております。

たとえば、Eコマーストラッキングだったり、Instagram連携など、他のカートでは時間を要する設定もShopifyの通常機能やアプリを活用することで容易に実装することが可能です。

越境ECで成功するのは、国内向けECよりも難易度は高く、こういったスタートラインに立つまでの取り組みで時間をかけていては、いつまでたっても売上が伸びません。そういった意味でもShopifyは最も適したカートシステムだと言えます。

また、通常のECカートですと日本サーバーがある場合、海外のユーザーが閲覧したさいのスピードはとても遅くなってしまいます。しかし、ShopifyにはCDN[※1]が標準機能としてついており、どの国からアクセスしても最適なス

図表A 越境ECで取り扱う製品を見極める

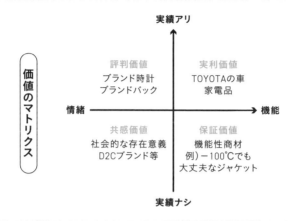

ピードでサイトを閲覧することができます。こういった細かな違いが大きな差を生んでいます。

それではなぜ、多くの越境ECに取り組む企業は上手くいかずに頓挫してしまうのでしょうか？それは、自社の製品特性に合わせた戦略がなかったり、越境ECならではの取り組みができていないことが起因します。

価値のマトリクスで考える 製品特性別マーケティング

私たちが越境ECのマーケティング取り組むさいは、まず図表Aの価値マトリクスのフレームワークを活用し、自社の製品がどこに分類されるのかを整理し、その上

でどのようにポジションを築いていくかを決めます。

- **評判価値**：既に海外の顧客に知られており、情緒的な価値を提供する製品
- **実利価値**：既に海外の顧客に知られており、機能的な価値を提供する製品
- **共感価値**：海外の顧客に知られていない、情緒的な価値を提供する製品
- **保証価値**：海外の顧客に知られていない、機能的な価値を提供する製品

さらに分けると、
- 評判価値、実利価値商材は、**売れ**

るものを売るための戦略が必要です。

- 共感価値、保証価値商材は、**売りたいものを売るための戦略**が必要です。

このとき、日本国内での認知ではなく、海外での認知度をベースに自社の製品が分類されるか考えてみてください。

売れるものを売る場合と売りたいものを売る場合では難易度は大きく異なります。

前者の場合、競合他社やモールでもその商品が仕入れられる場合は**自社が選ばれる理由**を伝える必要があります。後者の場合、まず**その製品自体を購入する理由**を海外の顧客に伝えていかなくてはなりません。

売れるものを売るための戦略

越境EC × Shopifyで売れるものを売る場合、他社と比べて自社が選ばれるようにするには、圧倒的信頼かインセンティブを提供する必要があります。

強い会社は時間を武器にすると言われていますが、上手く

Shopifyを活用している企業はInstagram連携やレビュー収集アプリYotPoを上手く活用し、信頼を蓄積しています。これらのアプリをShopifyで活用し、自社から購入したユーザーがどれだけ満足しているかをサイト上で伝え、信頼を獲得しているのです。また、実店舗の様子やスタッフの顔写真のように、実際に存在する資産をサイト上で見える化する事も大切です。「きちんとホンモノが送られてくるかな？ だまされたりしないかな？」といった海外から購入するさいの精神的なハードルをできるだけ下げてあげるようにしましょう。

売りたいものを売るための戦略

売りたいものをShopifyで売る場合、貴社や貴社製品が世の中に知られていないため、海外のユーザーの持つ悩みや課題・願望と自社製品を結びつけて購入する理由を感じてもらう必要があります。そのため、まずはインタビューやサンプリング会を通して顧客の解像度を上げていきます。

その上で、どのように顧客と接

図表B　マーケティングの基本

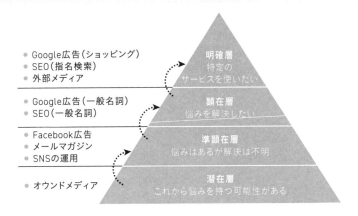

- Google広告（ショッピング）
- SEO（指名検索）
- 外部メディア

明確層
特定の
サービスを使いたい

- Google広告（一般名詞）
- SEO（一般名詞）

顕在層
悩みを解決したい

- Facebook広告
- メールマガジン
- SNSの運用

準顕在層
悩みはあるが解決は不明

- オウンドメディア

潜在層
これから悩みを持つ可能性がある

点を持ち、メッセージを伝えていくことで必要性を感じてもらえるかを考え、初回のタッチポイントから購入、その後のシェアまでのステップを書き出し、それをShopifyやSNS、広告を駆使し、どのように実現していくか考えていきます。

たとえば、売りたいものを売る場合、初回の訪問で購入してくれる可能性は低いため、まずは会員登録を初回訪問ユーザーのゴールとします。Shopifyアプリ Omnisendなどを活用したPopupオファー（会員登録で○％オフ、あなたの悩みの●●に役立つ情報が得られますなど）を使い、まずは会員登録してもらい、徐々に自社製品の価値

を伝えていく階段設計をしていきます。マーケティングの基本を図表Bにまとめたので、ご参考にしてください。

海外顧客に販売するために心がけるべきポイント

売りたいものを売る、売れるものを売る場合でも、いざユーザーが商品を欲しいと思ったときにスムーズに購買につなげることが越境ECでは重要なポイントです！

このときに重要なポイントが**言語、物流、決済**です。言語でいうと、情緒的な価値や商品特性については自動翻訳ではなく、ネイティブチェックを入れましょう。ベストはネイティブによるコピー

ライティングです。

正直、どこまでその商品の知名度があるか、顧客が海外からわざわざ手間をかけて欲しいと思うかによって変わってきますが、言語の部分はユーザーの購買意欲に大きく影響されるポイントであるため、私たちはもっとも越境ECサイトを構築するさいに力を入れています。

次に物流と決済です。近年、EMS（国際スピード郵便）の輸送料金の高騰や配送ができないエリアが発生したことから、EMS以外に配送手段を持っていることが越境ECで売上を伸ばすためには必要不可欠な要素です。

私たちが支援させていただいている越境ECサイトでもEMS以外にDHLなどの民間の配送サービスに契約していただくようにしています。海外のお客様がせっかく購入したいと思ってカートに入れたのに、国が選択できないということがないように準備しておきましょう。このときに、Ship&coなどの送り状発行アプリを使用するとShopifyの購入データからそのまま送り状が出力できるのでとても便利です。

最後に通貨ですが、基本的に日本企業が越境ECをはじめる場合、基軸（ベースとなる）通貨を円としている企業が多いです。

このときに、海外のユーザー向けに、自国の通貨に変換できるよう配慮してあげる必要があります。日本円だけしか表示されず、ユーザーが離脱してしまわないような配慮が必要です。ドル、ユーロ、ポンドなど自社サイトにこれから訪れる可能性のある国の通貨を先回りして設定し、スムーズに価格がわかるようにしてください。

また、海外のユーザーはそのサイトがShopifyでできているかどうかなどはわかりません。Shopifyが提供しているShopifyペイメントは安全ですが、ユーザーにとっては独自ドメインのサイトの決済手段を使用することは、心理的なハードルが若干高いものです。

そのため、越境ECサイトを展開するさいは、Shopifyペイメントだけでなく、心理的なハードルが若干下がるPayPalも契約しておくことをオススメします。

片手間ではなく、成功していくための覚悟が必要

多くの越境ECに取り組む日本企業は日本語サイトのコンテンツを自動翻訳し、日本人向けのコンテンツを英語にしているだけで、海外の顧客が知りたい情報をきちんと提供していません。

誰に何を伝え、どのようなアクションをしてもらいたいのか？というマーケティングを考えるさいの基本に立ち返り、海外の顧客がどんな方（悩み・願望、リテラシー、知りたい情報）でどのような価値を訴求したときに自社製品や自社サイトが選ばれるのか？　という視点で自社の越境ECサイトを見てみましょう。そうすることで自ずとやるべきことが見えてくるはずです。

今回、ご紹介させていただいたShopifyを活用した越境ECを展開するさいのポイントは、あくまでも基本的な内容です。海外でビジネスを成功させるためには、商品開発、言語、物流、決済、マーケティングすべての領域で改善を続ける必要があります。

思ったよりも大変で、辞めてしまう人は少なくありません。越境ECに取り組むのであれば、「必ず成功させるんだ！」という想いと覚悟を持って取り組んでいただけますと幸いです。

世界へボカン株式会社
代表取締役社長　徳田祐希
「日本の魅力を世界へ伝える」というミッションの元、日本、アメリカ、フランス、オーストラリア、香港、マレーシア、中国といった多国籍のメンバーと共に日本企業の海外進出を支援する海外Webマーケティングに14年以上にわたり取り組む。Shopifyマーケティングエキスパートとして数多くの日本企業の越境ECプロジェクトを成功に導いており、JETRO主催のプログラムでも講師として登壇をする。
https://www.s-bokan.com/

※1：**CDN** ▶ Content Delivery Network（コンテンツデリバリネットワーク）の略。ウェブコンテンツをインターネット経由で配信するために最適化されたネットワークのこと。コンテンツ配信網とも呼ばれる。

"ひとり運営"のための
効率化大全

ひとり運営でもShopifyは非常に役立つ

EC業界で注目を集めるShopifyは、ひとり運営にも非常に役立ちます。具体的には運営の作業時間の短縮に役立てることができます。キーワードはノーコードです。

✓ はじめに

バターコーヒーなど健康食品を販売するミウラタクヤ商店を「ひとり」で運営し、日本第一号のShopify教育パートナーとして活動している三浦と申します。私は2018年にECサイトのシステムを**Shopifyへ移行し、1年半で売上400%、顧客注文単価**（1回の注文で発注いただける金額）**160%、月次のリピーター購入件数を200%成長させることができました。**

もちろんShopifyがすべてではありませんが、要因のひとつにShopifyが絶対にあったと思っています。

以前は日本国内のECシステムを活用していましたが、運用の面で大きな負担を感じていました。そこで海外のサービスも含めてECシステムの移行を検討していたところ、たまたまShopifyに出会い、テストアカウントで管理画面を触り「このシステムはヤバイ！」とビビビっと感じ、管理画面を触った初日にシステム移行を決定しました。

移行した結果、業務効率は70％改善され、上述のように「売上400%アップ」などの数字の成長につなげることができました。

✓ ひとり運営におけるShopifyの利点

Shopifyはひとり運営において非常にオススメです。理由は「**業務効率を改善できるシステム**」だからです。具体的には次のような理由

が挙げられます。

- 直感的で使いやすい管理画面
- アプリによる機能拡張が容易
- HTML不要でサイト更新ができる
- 広告やSNSとの連動が簡単

　いずれの利点も、ノーコードの恩恵を受けていることがわかるでしょう。実際に使ってみると体感できますが、Shopifyを活用することで、ひとり運営に大事な**「不必要な作業の削減」が捗り、売上につながる作業時間を増やすことができます。**

　では、具体的にどのようにしてサービスと売上につながる作業時間を増やすことができるのでしょうか？　次のセクションでは、作業効率化の大原則として押さえておきたい、4つのマインドセットについてお伝えします。

図表40-1 筆者の運営するミウラタクヤ商店

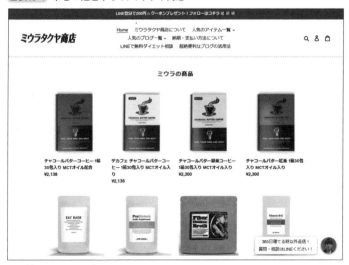

https://miuratakuya.store/

ひとり運営の業務効率化に重要な4つのマインドセット

ひとり運営で最も大事なことが時間配分です。いかにサービス向上と売上につながる作業時間を増やすのか？　ここでは業務効率化の大原則として押さえておきたいマインドセットについて説明します。

✓ 押さえておきたい4つのマインド

　ひとりでECサイトを運営しながら、売上を最大限までに高めるために重要となるマインドセットは、次の4項目に尽きます。

① 不必要な作業を徹底して削り
② お客様に許される代替方法を模索し
③ スマートフォンを使いこなし
④ 空いた作業時間を売上につながる作業に使う

　ECサイト運営の業務は多岐にわたるため、ひとり運営は時間配分との戦いです。そのため、日々のタスクの棚卸しを常に行い、作業の必要性を考え、やらなくても業務に支障が出ないものであれば徹底して削ります。「①不必要な作業を削る」を徹底して行うわけです。もし削除することでお客様に迷惑がかかる場合は、「②お客様に許される代替方法」を模索すればよいのです。

ミウラタクヤ商店の実例

　たとえば、私が運営している「ミウラタクヤ商店」では、**お客様とのやり取りでメールを廃止し、LINEでのやり取りのみにしています**（LINEアカウントを持っていないお客様に限りメールでの対応はしています）。

理由はメールでのやり取りの場合、メーラーを開く時間や「お世話になっております」という挨拶文を送る時間がかかります。その文章を書く時間や送る文字数も減らしたかったからです。フランクな接客が許されるLINEへ移行し、問い合わせ対応の時間を削減しました。

　その結果、お客様とのシンプルな文面でのやり取りで文字数が削減され、問い合わせ対応の時間を減らすことができました（①）。さらにスマートフォンを使いこなしたLINE対応により（②③）、問い合わせへのレスポンスが早まり、業務効率を改善し、さらにお客様の満足度を向上させることができました（④）。

　この作業での目的は、お客様へのレスポンスのスピードと質をあげるために丁寧なメール対応を廃止し、LINE中心のやり取り（お客様に許される代替方法）に変えることでした。結果として**スピード感のある対応ができ、接客の質を高め、信頼を獲得し、売上が上がるという成果**につながりました（ミウラタクヤ商店のLINEは土日でも1〜2時間以内、早ければ即レスがあります。よかったら問い合わせてみてください）。

　このお話は一例ですが、皆さんが各自ECを運用するさいには、「①不要な作業は徹底して削り」「②お客様に許される代替方法を模索し」「③スマートフォンを使いこなし」「④削った作業時間を売上につながる作業に使う」という4項目を重要なマインドセットとし、試してみてほしいと思います。

✓ お客様に許される代替方法の考え方

　どこからがお客様に許されるラインになるのか？　それは「自分がお客様だった場合」で考えてみればよいと思います。自分がお客として不快感を覚えない接客やサービスを取り入れ、運用し、明らかにクレームや問い合わせが増えたら改善していく、という考え方です。

　ECサイトの過剰サービスは運用者の負担を増やします。しかし、

〝ひとり運営〟のための効率化大全

実際には運用者の負担となっているものの、お客様は思ったほど重要性を感じていないサービスがたくさんあるわけです。この**バランスの悪い作業時間を削減していくことが、ひとり運営では大切**になります。

✅ さらに！　業務効率化に重要な5つの項目

　本章ではこれ以降、実例も含めてひとり運営に重要な5つの項目「**商品開発**」「**受注・物流作業**」「**サイト改善**」「**SNS運用**」「**広告運用**」の効率化についての考え方と、Shopifyが役立つ理由について説明をしていきます。

　ひとりでECサイトを運営する場合、それら5項目すべての運営業務をこなすため、全領域での不必要な作業の削減が必要です。ミウラタクヤ商店の運用経験から、そのコツを説明していきます！

商品開発時に注意して おきたい2つの効率化ポイント

ECで利益を獲得する作業は商品開発から始まっています。何も考えなしに商品を開発すると、運営途中で思わぬデメリットが発生したりします。本セクションでは商品開発をするさい押さえておきたいポイントを説明します。

売りたいものを売る。一見聞こえのよい言葉ですが「何も考えずに商品開発する」と売上アップに悪影響を与えます、悪影響を与える最たる例が、次の2点です。

悪影響の例

① SKUを増やしすぎる

② 配送コストを考慮せず商品を開発する

以下、これらを考慮すべき理由を説明します。

✅ SKUは極力少なく抑えよう

SKUとはstock keeping unitの略です。たとえば白TシャツのS、M、Lの3サイズの場合は「3SKU」になり、色を3つにした場合は「3色×3サイズで9SKU」になります。

SKUを増やすと「在庫管理コスト」が増えます。在庫管理コストとは、在庫の個数を把握する時間、また欠品を防ぐために発注する時間のことと言い換えられます。つまり、ここで言うコストとは時間のことを指します。

難しいところですが、安易に発注数量を増やしすぎると発注金額が大きくなり、在庫過多でキャッシュフローが悪化するという状況が発生します。そのため「発注数量を検討する時間」も必要になってきま

す。これら**すべての時間が在庫管理コスト**と言えます。この在庫管理コストは、商品の種類を増やせば増やすほど上がっていくので注意が必要です。

　逆にSKUを少なく抑えることで作業時間を削減し、顧客サポートやSNSでの発信など生産的な作業に時間を割けるようになります。よって、ひとり運営の場合は**「在庫管理コスト」が少なく済むよう、SKUを可能な限り減らす**ことをオススメします。もちろん商材のカテゴリによるので、一概には言えないのですが、健康食品を販売するミウラタクヤ商店では「10SKU以上は作らない」とルールを決めています。10SKUを超える場合は、既存の商品を終売することでSKU数を抑えるように努めています。

✅ 配送コストにも時間意識を！

　配送コストは配送事業者へ支払う金額のみと誤解されがちですが、自社で発送をする場合**「梱包資材代金」「梱包作業時間（人件費）」も配送コストに含まれます**。発送資材が段ボールか封筒かの違いで、梱包資材のコストが大きく異なります。資材の価格では封筒の方が当然安くなります。また封筒のような小さい梱包商品の方が1日に梱包できる数量も増やしやすいため、梱包時間から考えて出荷数量を増やすということも可能になります。**時間単位で出荷数量が増やせれば、売上を増やしやすくなります。**

　商品開発時には、梱包資材代とあわせて梱包作業時間のコストも十分考慮した上で、行いましょう。

物流効率の見直しで利益を上げる方法

お客様へ商品を届けることだけが物流の役割ではありません。実は利益を創出するポイントにもなり得るのです。物流の考え方を変えることによって、利益を生み出す方法について説明します。

　注文をいただいたお客様へ商品を届けるのが物流です。実は物流作業の効率を見直すことで、利益を上げることが可能です。ミウラタクヤ商店でも物流の効率を改善することで、利益率を上げることができました。そのコツをお伝えします。

配送資材でコストを抑え、梱包効率を上げる

　物流にかかる**「人件費」**と**「配達費用＆資材費用」**を見直すことで、ECサイトの利益率を上げることができます。人件費をかけずに出荷量を増やし、商品サイズを抑えることで、資材代金を抑え、梱包作業の効率を上げることで利益率を高める。このような観点も効率性を上げるひとり運営では非常に重要です。

ミウラタクヤ商店の実例

　現在、ミウラタクヤ商店は健康食品メーカーですが、過去にはまったく毛色の違うハンドメイド雑貨も並行して販売していました。そのときに気づいたのは、段ボール箱での梱包が必要なハンドメイド製品は、1日に20件の梱包が限界だったのに対して、ネコポスで送ることのできるサイズの健康食品は、1日に100件の梱包が可能だったのです。

　この経験からミウラタクヤ商店では、**商品や資材のサイズをすべてヤマト運輸のネコポスに集約することで出荷件数を増やし、利益率を**

改善しました。また特定のサービスに配達を集約することで発送件数を増加させ、配送事業者への配送単価を下げてもらう交渉も可能になります。これも利益を上げる1つのテクニックです（※本書執筆時2021年7月現在、配送作業は外注しています）。

✅ 時間指定は受け付けない

　一般的に必須と思われる**「時間帯指定」をミウラタクヤ商店では対応していません。**もちろん、ご希望をいただくこともありますが、「時間指定したいです」と言われる確率は全体の出荷量の1%を下回ります。食品など時間帯指定が必須のサービスもありますが、常温商品なので時間帯指定にそこまで必要性を感じていません。

　ただ、どうしても時間帯を指定したい、と言われた場合は「発送後に追跡番号を記載したメールが届くので、そのメールから配送事業所へ連絡し、**配送事業者へ時間帯指定をお願い**します」と代替案を伝えています。

負担の正体

　この時間帯指定を受け付けない理由は、「細かな要望が増えるため」です。実は時間帯指定を受け付けることによる負担は大きく、受け付けたことでお客様からのさらなる要望が追加されます。たとえば「受け取り時間を変えてほしい」「希望した時間に届いていないけど、どうなっていますか？」などです。**このように顧客対応の領域を安易に広めることで、「お客様からのさらなる要望」を増やす結果となり、運用者の負担が増えてしまいます。**

✅ できないことは伝えつつ、代替案で満足度を上げる

　運用者の作業時間が増えることで、お客様へのレスポンスが遅くなります。であれば、**できないことは「最初からできない」とお客様へ**

伝えておくことも重要です。

　ただ、一見そうするとお客様の利便性が下がる懸念がありますが、上述のように代替案としての「お客様と配送事業者を直接つなぐ」ことで、利便性は高めることができます。お客様は追跡番号により配送事業者へ連絡することで、「中間事業者（サイト運営者）の確認を待たずに」「配送事業者へすぐに確認」することができるのです。

　実は、物流作業における運用者とお客様の最大の負担は、「配送状況の確認待ち」の時間です。その「状況の確認待ち」時間を削減することで、**運用者の顧客対応の時間を減らし、お客様の満足度を上げるための作業に時間を割く**ことができます。

✅ お客様の満足度を上げるShopifyの発送通知

　こうした方針は、**Shopifyがあるから実現できます。理由は、Shopifyは発送処理後、お客様にメールを届けてくれる**からです。メールには登録した追跡番号と配送事業者が書かれており、お客様は追跡番号をタップするだけで、配送状況がわかる仕組みになっています（図表43-1）。

　通常、追跡番号が届いたとしても、お客様が自分で配送事業者のサイトへ訪問し、追跡番号から配送状況の確認をする必要があります。このステップをShopifyが送るメールはワンクリックで完了させてくれます。これでお客様の手間の軽減ができることから、配送時間の指定を受け付けなくても、クレームが来ることなくECサイトを運用できていると考えています。

✅ Shopifyのモバイルアプリなら一発で顧客検索できる

　ECサイトを運営していると、お客様から「商品が届かない」などの問い合わせを必ずいただきます。そんなとき「注文番号」などからお客様の注文情報を照らし合わせ、状況を確認し、対応します。自分

図表43-1 Shopifyが配送状況をメールで伝えてくれる

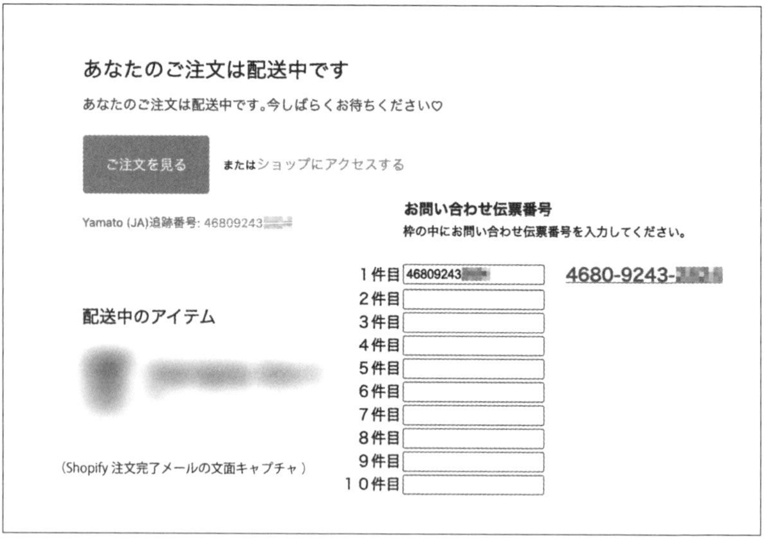

あなたのご注文は配送中です

あなたのご注文は配送中です。今しばらくお待ちください♡

ご注文を見る　またはショップにアクセスする

Yamato (JA)追跡番号: 46809243▮▮▮

お問い合わせ伝票番号
枠の中にお問い合わせ伝票番号を入力してください。

配送中のアイテム

（Shopify 注文完了メールの文面キャプチャ）

1件目 46809243▮▮▮　　4680-9243-▮▮▮▮
2件目
3件目
4件目
5件目
6件目
7件目
8件目
9件目
10件目

追跡番号の文字をタップするだけで、配送事業者のサイトへジャンプする

自身がモールなどで買い物をしていて、問い合わせをすると、店舗での注文情報を確認する方法として「注文番号を聞く」「電話番号の確認」など、確認方法が煩雑なショップを散見します。これは運用者とお客様にとっても負担です。

Shopifyの公式モバイルアプリは機能が充実しており、お客様の「フルネーム」だけで注文情報が検索できます（図表43-2）。つまり、LINEで名前を聞くだけで、お客様の情報が確認できるのです。この利点を活かし、ミウラタクヤ商店は「スマホで顧客対応を完結させる」ことができています。

顧客検索のフロー

① お客様からLINEで問い合わせ
② お客様に名前だけ聞く

図表43-2 注文情報は名前だけですぐわかる

追跡番号の文字をタップするだけで、配送事業者のサイトへジャンプする

③ Shopifyアプリで注文検索
④未発送の場合は「○○日に送ります！」、発送済の場合は「追跡番号から配送状況のキャプチャをLINEで送る」

お客様のリクエストは「確実に届くか？」「いつ届くか？」 を知りたいことがほとんどなので、問い合わせ対応方法についてクレームをいただいたことは一度もありません。

受注・物流作業の大原則

スマートフォンを使いこなして
お客様をつなぎとめよう

業務効率を図るなら、絶対にスマートフォンは使ったほうがよいです。ひとり運営は24時間が戦いで、むしろ24時間を上手く活用することが競合に勝つポイントです。隙間時間を上手く活用しましょう。

✓ 徹底したスマホ主義が効率を大きく上げる

一例ではありますが、私はスマートフォン（以下、スマホ）で業務効率の改善を目指しています。

ひとり運営はとにかく時間ないため、PCを開く時間と労力さえもったいない。その理由から「スマホでの作業時間を増やす」ことを徹底しています。スマホはPCを開くよりも、早く情報にたどり着けます。その細かな時間の短縮も業務効率の改善に大きく影響します。

ECサイト運用における1つの考え方として、私はスマホアプリがないサービスは導入しません。

運用ツールやアプリなどの導入のさい、基準にしているのが「スマホだけで運用できるか？」です。もちろんタイピングなど考慮すれば、PCの方が効率がよい場合もありますが、**業務効率化という観点で「スマホだけで運用できるサービスか？」を導入判断の基準**にしています。

✓ リクエストに即対応できるからお客様を逃さない

Shopifyに登録していない商品で、お客様から「商品AとBの割引セットがほしい」と言われれば、Shopifyのスマホアプリで商品ページをすぐに作成し、URLをLINEでお客様に送ることで、その場で決済をしてもらい受注することが可能です。**スマホアプリで商品ペー**

ジを作り、スマホのLINEで提案をして購入を促すという方法です。

　実はLINEでの問い合わせ窓口を持つと、このような問い合わせを多くいただきます。そんなときも、スマホアプリを使えば1分で対応が完了します。**1分で見込み顧客から売上を作ることができる**のです。

✅ 24時間対応のカナダShopifyを見習う

　この意見は是非が分かれますが、スマホを活用することで24時間、寝ている時間以外は顧客対応や情報発信、広告運用など、隙間なくECサイトの運営・更新に使うことができます。話が逸れますが、本拠地カナダのShopifyのカスタマーサポートは、24時間対応で返事がきます。しかも、**即レスかつフレンドリーで、技術的な要素の高い問い合わせでも返事が正確**です。この体験に感動したことから、ミウラタクヤ商店でもLINEで同じレベルのサービス提供を目指し運営しています。

図表44-1　LINEによる即レスがお客様をつなぎとめる

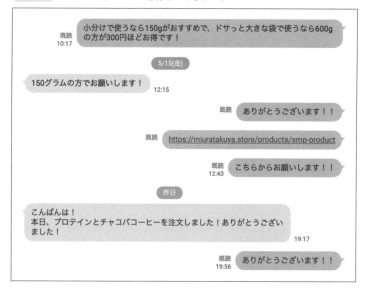

179

売れるECサイトの情報発信　素早く頻繁に更新を

お客様とのコミュニケーションの起点となるのがECサイトです。文言や写真など、情報発信基地としてのサイトの更新・改善は欠かせません。ひとり運営における改善ポイントについて説明します。

ミウラタクヤ商店では「ECサイトはお客様とのコミュニケーションツール」と捉えているため、そのための起点となる情報がECサイトに掲載されている必要がある、と考えています。そのため「情報を更新しない」ということは、ありえません。もっといえば、**1ヶ月の間に何回もサイトの更新を行います**。

✅ アクセスが多いトップページを充実させる

集客の方法論にもよりますが、基本ミウラタクヤ商店も、Shopify教育パートナーとしてお手伝いしているECサイトでも、最もアクセス数が多いのはトップページです。そのため、**トップページへのお客様のアクションにつながるような情報掲載が重要**になります。そのような情報は、季節や環境により異なる流動性のあるものなので、頻繁な更新が欠かせません。常にお客様のアクションにつながるように、トップページには最新の情報を掲載していくようにしましょう。

✅ Shopifyはノーコードで素早い更新が可能

ただし、サイトの更新にはHTMLやCSSの知識が必要であり、知識と手間がかかります。実際ミウラタクヤ商店をShopifyで運用する以前は、サイトの更新に時間が取られていました。HTMLを引っ張り出し、エディターで修正し、アップロードする。私はHTMLの基礎知識はありましたが、専門家ではなかったので、更新のたびに時間

図表45-1 Shopifyのテーマならサイトの更新も簡単

頻繁に更新が必要なトップページも、Shopifyならきめ細やかな対応が素早く行える

がかかっていました。

　しかし**Shopifyは、ノーコードでサイトの更新が可能**です。さらにテーマが充実しており、「ドラッグドロップで画像を追加する」「テキストの編集を簡単にできる」など、HTMLなどの知識なしで、きめ細やかなサイトの更新が素早く行えます（図表45-1）。

　Shopifyに移行後、ミウラタクヤ商店では、**サイト更新の作業時間が70%軽減され、そのぶんお客様への対応やSNS運用に時間を費やせています**。

ひとり運営SNS運用のキモは お客様との距離感にある

SNSの目的は売上を上げることと捉えられがちですが、実はお客様とのリッチな会話をすることで、顧客ロイヤリティを高めることができます。そのためにSNSをどう使うべきか？　を説明します

✓ お客様との絆を作るためのSNS

　ひとり運営でお客様と関係値を作り、結果として売上を上げるために最も大事な要素がSNSの活用です。そのなかでも、大事なことは次の3点と言えます。

SNS活用の大原則
① 人柄を感じさせる
② 透明性を高める
③ お客様と友だちになる

　ひとり運営の売上拡大において欠かせないのが、お客様にリピーターになっていただくこと。そのためには、**SNS活用の大原則を守りながら、お客様との絆を作っていく**ことが非常に重要になってきます。

✓ ひとり運営であることを強みにできるのがSNS

　ひとり運営の最大の強みは、「店主が直接お客様とやり取りできる」ことです。ひとりなので、大々的にアピールする予算もなければ、人海戦術もできません。しかし、お客様と直接やり取りしているため、逆に「①人柄」を武器に変えることができます。そのさい、正直で

こんばんわ！長くなりますが報告&相談させてください！

昨日チャコバが届き、今朝飲みました！
味も分からないのに気合いで大量買いして不安もあったのですが、想像を飛び越えまくって美味しかったです！もはや想像は無駄だったくらいです！
そして、いつもならお昼までにお腹がすいてぐうぐうなるのに、気持ちだけじゃなくて物理的にも！1回も鳴かなかったんです😊
お腹空くのが怖くてチョコ食べまくってたのにひとつも食べずにお昼でした！
めっちゃ気合い入りました～！！
お昼もアドバイス通りプロテインにして、そんなにお腹空かないです😊
みうらさんがホントすごい！！

そちらも楽しみにしています！ミウラさんのお店の商品なら信用と安心あって購入出来ますので！
13:23

ありがとうございます！1回配送ミスってっみませんでした！

いえいえ！大丈夫です！
今！ミウラさんのブログや商品に出会って2度目の糖質ダイエットに挑戦しているところです！
13:24

糖質依存から抜け出したい私は変に甘くしているものや、人工甘味料の入っていないプロテインを探していました。
13:25

配送ミスがあっても許してもらえる、お客様との絶妙な距離感

オープンな人柄によって「②透明性を高める」ことが信用にもつながります。そうしたコミュニケーションを直接、密にやり取りすることで、「③友人感覚」をお客様に持っていただけるようになっていきます。これは、ひとり運営の大きな強みです。

　だから、**お客様との距離感をなるべく近づけるように努力する。この距離感を作るために、うまくSNSを活用できるかどうかが鍵**になってきます（図表46-1）。

✅ お客様と友達の距離感で取引する

　ミウラタクヤ商店では、「買ってもらう理由をたくさん作る」ことを意識しており、商品スペック・価格・ストーリーなどの購入理由のほかに、**「三浦さんの紹介だから購入する」と言う関係値作り**を目指

しています。そのため距離感を「店舗対消費者」ではなく**「三浦対消費者」**にしています。

　たとえば、Aという商品をお客様が求めているとき、知らない人の店か、友人の店かを選ぶときは間違いなく友人の店で買います。先述の通り、ひとり運営の強みは「店主がお客様と直接やりとりできる」なので、①人柄や②透明性を通してお客様との信頼関係を作り、最終的には③の友達関係を目指して運営してみましょう。

仲良くなるためのコンテンツの例

　お客様との距離感を「友達」に近づけることが、売上アップにつながります。そのためSNSでは買ってもらうためのコンテンツではなく、**仲良くなるためのコンテンツ投稿**を心がけましょう。仲良くなるためのコンテンツは、**「楽しい」**か**「役に立つ」**のどちらかです。

　当店の場合は健康食品を扱っていますので、ダイエットに関する雑学などの発信と、ミウラタクヤ商店のダイエットに関する思想などを発信しています（図表46-2）。

　「楽しい」の感覚は人によります。ストアとの相性もあるので、**「お客様にとってエンタメとは何か？」を考えながら投稿する**ことが重要です。

✓ お客様が見たいSNSで読んでもらう

　Twitter、Instagram、Facebook、TikTokなどSNSが浸透しています。少し前は「今インスタが熱い」という声が聞こえていましたが、ユーザーにはそれぞれ「好きなSNS」が存在します。Twitterが大好きでInstagramをやらない人も、根強くFacebookだけ好きな人もいます。

　SNSを使うことが当たり前になりユーザーのなかには、「好きなSNSがあるから、そのSNSで発信を受け取りたい」という欲求があります。**その欲求に寄り添ってあげることもお客様のためになりま**

図表46-2 ミウラタクヤ商店のブログの一例

**朝グラノーラを1週間続け
てみた結果。**

by 三浦卓也　2021年6月04日

1週間グラノーラ生活を続けてみた結果で
す。

**無意識の食欲をコントロー
ルする方法**

by 三浦卓也　2021年6月03日

なんとなく食べちゃうって食欲をゼロにす
るための習慣がこちら。

**脂肪を減らすランチの食べ
方5選。**

by 三浦卓也　2021年6月08日

ランチを制するものはダイエットを成功さ
せる。

「楽しい」「役に立つ」投稿を心がけたコンテンツ

す。そのためミウラタクヤ商店では、すべてのSNSで情報発信をし
ています。

　ほかにも、多くのSNSへ同じ投稿をする理由はあります。たとえ
ばTwitterとInstagramの両方を毎日見ている人からすると、同じ情報
を何度も見ることになります。当店の発信は80％がダイエットの豆
知識のため、2回受け取ったお客様は**「三浦さんが何度も言っている
から大事なことなんだな」と捉えてくれ、店に対する信頼度が高まり
ます**。これはお客様との距離が近い、ひとり運営ならではの強みで
す。

✓ 全SNSに効率的に投稿できる方法

　実際に行っているSNS投稿の流れを紹介します。ミウラタクヤ商
店はテキストによるコミュニケーションを大事にしているため、まず
最初に文章を書きます。そして次のような流れで、すべてのSNSに
投稿するのをルーティンとして行っています（図表46-3）。

投稿の流れ

① Facebookに発信内容を投稿

② コピペしてメルマガへ投稿

③ コピペしてブログへ投稿

④ ブログを Twitterでシェア

⑤ ブログをスマホでスクショ撮影しInstagramに投稿（テキストはコ
ピペ）

　要はFacebookに書いた文章をコピペして、すべてのSNSに転用し
ているわけです。私の考えではありますが、**SNS運用で最も大事な
ことは「文字コンテンツを作ること」**。逆にいえば、文字コンテンツ
さえ作ってしまえば、コピーしていろいろなSNSに転用ができます。
コピーに時間はかからないので、文字コンテンツを作る力を養ってい
きましょう。

図表46-3　図解：投稿の流れ

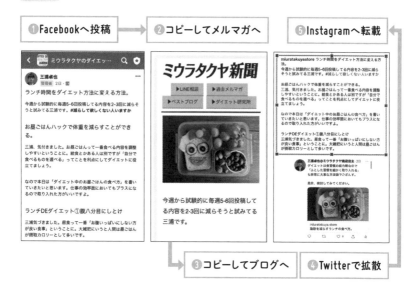

✓ メルマガもSNSとして運用すると上手くいく

　ミウラタクヤ商店では、SNSに「メールマガジン」も含めていま
す。当店では先述した方法で週に5回メルマガを配信しています。配
信内容の割合は「商品の提案が10％、お客様に役立つダイエット情報
80％、お店のストーリー10％」のような形で配信しています。メルマ
ガというと、どうしても売込みとして考えられがちですが、**お客様と
会話の起点になる立派なSNSの1つ**です。

　実際にミウラタクヤ商店にはメルマガの愛読者が多く、週に5回
配信の開封率は毎回10〜12％ですし、LINEではメルマガ愛読の声を
いただくことが多いのです（図表46-4）。したがって、メルマガの配信
も強くオススメします。Shopifyには「Shopifyメール（Shopify Email）」
「Klaviyo」「Omnisend」（いずれもP.288参照）など、使い勝手のよいメル
マガアプリがありますので、手軽に配信することができます。ちなみ
に当店のメルマガは「Klaviyo」で発信しています。

Point

レビューアプリ活用でお客様と仲良くなる

　Shopifyのサイトは、レビューアプリを活用することでお客様の声をサイトに
載せることができます。ミウラタクヤ商店では「Judge.me」（P.120）を活用し
ています。実はレビューアプリでお客様との信頼関係を作ることができます。

　ほかのアプリでも実装されていますが、Shopifyのレビューアプリは「顧客に
レビューの返信ができる機能」が備わっています。お客様に投稿いただいた
レビューに返信をすることができ、返信を入力するとお客様にメールで返信内
容が届きます。

　実はそのレビューへの返信がきっかけで、お客様からさらに連絡をいただく
ことがあります。お客様とのエンゲージメントを高めるためには会話量が大切
なため、このようにレビューアプリの活用で「お客様との会話量を意図的に
増やす」という形で信頼関係を醸成することが可能です。

図表46-4 お客様との信頼関係

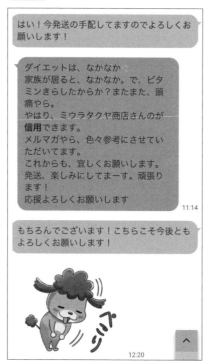

はい！今発送の手配してますのでよろしくお願いします！

ダイエットは、なかなか
家族が居ると、なかなか。で、ビタミンきらしたからか？またまた、頭痛やら。
やはり、ミウラタクヤ商店さんのが**信用**できます。
メルマガやら、色々参考にさせていただいてます。
これからも、宜しくお願いします。
発送、楽しみにしてまーす。頑張ります！
応援よろしくお願いします

11:14

もちろんでございます！こちらこそ今後ともよろしくお願いします！

12:20

メルマガの愛読者から寄せられた「信用できる」の一言

広告運用は雑にして
クリエイティブに注力する

ネットショップの規模拡大に欠かせないのが広告です。ひとりで運営している場合、組織と同じように運用すると勝ち目はありません。作業時間を短縮するための運用方法を説明します。

✅ どんな広告を出稿している?

ひとり運営でも売上規模を大きくするために、広告での拡大は欠かせません。ミウラタクヤ商店ではアフィリエイト広告、運用型のGoogle広告、Facebook広告、Criteo(リターゲティング)を活用し、インハウスで運用しています。当初は月間3万円だった予算も、売上拡大に伴い100万円を超えるなど大幅に増えてきました。予算を徐々に増やしてきましたが、広告費のため赤字になったという月は1度もありません。

利益を上げるための広告出稿には優先順位があります。「まずはFacebook広告からはじめる」という考え方が最近多く見受けられますが、本当にそうでしょうか。本セクションでは利益率の高い広告出稿の優先順位と運用の効率化について説明していきます。

✅ 広告は利益率が高いものから行う

ひとり運営では、最初から潤沢な広告予算が用意できない場合が多いです。したがって、**費用対効果を考えた広告を出稿する**必要があります。費用対効果が高い広告を順に並べると、次のようになります。

費用対効果の高い広告

| ① アフィリエイト広告

② 検索連動型広告（商標）

③ リマーケティング広告

　広告出稿を検討するさいは、まずこの3種類の出稿からをオススメいたします。

　広告出稿は受注確度が高い人（身近な人）からターゲティングするのが鉄則です。①アフィリエイトはリスクが低い成果報酬のため別軸の考えになりますが、②③のターゲットは既に自社の商品を認知している方々ですので、必然的に受注確度が高くなります（図表47-1）。

✓ 広告分析は雑に行う

　売上規模が小さいうちは、事細かな分析は必要ありません。見るべき指標はCPA（Cost per Acquisition；顧客獲得単価）とROAS（Return On Advertising Spend≒広告費の費用対効果）程度で、あとは最適化を目指して広告クリエイティブの手数を増やすことのほうが圧倒的に大事です。

図表47-1　受注確度と優先度の関係

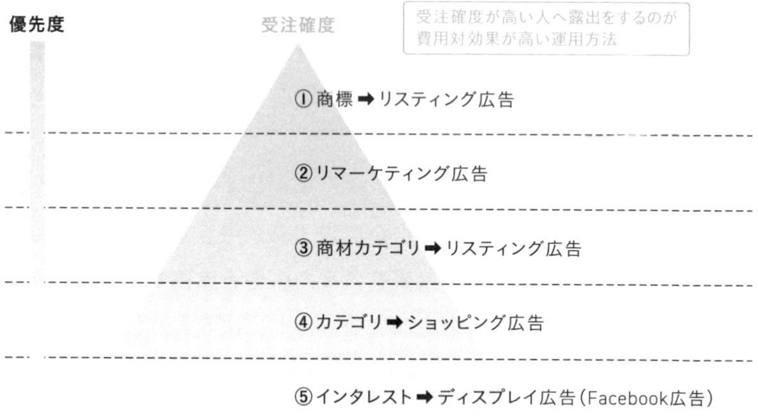

優先度　　　　　　　　　受注確度

受注確度が高い人へ露出をするのが費用対効果が高い運用方法

① 商標 ➡ リスティング広告

② リマーケティング広告

③ 商材カテゴリ ➡ リスティング広告

④ カテゴリ ➡ ショッピング広告

⑤ インタレスト ➡ ディスプレイ広告（Facebook広告）

もし分析や検証に時間を取られて、お客様とのコミュニケーションをプランニングする時間に割けないのであれば、**分析はしないでお客様のことを考える時間に割いてみてください。**

分析に力を入れることで成果へつながるのは、予算が潤沢な企業の場合が多いです。**小規模事業者は、ある程度までは雑に分析して運用**していきましょう。

✓ テキストでのアピールを増やす

「まず結果を出す必要がある」。

広告の効果検証のスピードを上げるときには、デザイン性より**「何を言っているのか？」**のほうが大事です。商材にもよりますが、美しいデザインより**「検証する回数」**のほうが大事。Instagramで綺麗なバナーを1本作る時間でテキスト広告を10本作ることができます。手数やスピード感を意識した情報発信が大事です。そういった意味では、テキストでアピールすることは業務効率につながります。

デザインを大事にしたくなる気持ちはわかりますが、テキストコミュニケーションの量を意識することで、**「刺さるクリエイティブや文言の骨子」**を見つけるようにしましょう。

✓ デザインはフリーランスに外注化が吉

私の意見としては「デザインよりも何を発信するか？」のほうが大事ですので、ひとり運営者が考えるべきはデザインよりも「言葉」です。デザインもまた作業に時間がかかります。その時間はフリーランスのデザイナーさんにお願いして、**「刺さる言葉」を考える時間を増やす**ことに力を注ぎましょう。

ミウラタクヤ商店でも、提携しているデザイナーさんに広告バナーの制作を依頼しています。見た目は完全にデザイナーさんにお願いし、「バナーに載せる文言」のみを伝えて制作をしてもらっています。

　当社ではGoogleとFacebook広告を運用していますが、両社とも設定できるターゲティングのパターンは数えきれません。数えきれないほどのターゲティングから出稿内容について「選定し」「出稿し」「検証する」という業務はかなりの負担になります。そのため、ミウラタクヤ商店ではターゲティング設定については特にせず、「ブロード配信」という**AIに任せます。AIに任せることで「何を伝えるか？」のクリエイティブ作りに注力**しています。

　実際にミウラタクヤ商店のFacebookでは、ターゲティングをすべてAIに任せていますが、効率よく広告での集客ができています。

応援してくれる仲間を作る

私はひとりでECサイトを運営していますが、店の外には多くの仲間や交流してくれる人達がいます。お客様も仲間です。ここではShopifyのノウハウを高めてくれる情報収集方法をお伝えします。

✅ メインの情報収集はTwitterで

これまでさまざまなことを体験として書いてきましたが、私自身Shopifyについての情報収集は怠りません。Shopify情報収集方法としてオススメしたいのが、次の2点です。

- Twitterで情報収集をすること
- Twitterで交流をすること

Shopifyエキスパートをはじめ、いろいろなECに関わる方々が有益な情報発信をされています。これらをすべて読むだけで、一冊の本を読むほどの価値はあると思います。また、**Twitterは読むだけでなく、積極的に交流をしていきましょう。**本書の著者の方々はじめ、フレンドリーな方が多いので、マナーを守り積極的に交流するとよいと思います。現に私はTwitterをきっかけに、さまざまな方と交流し勉強させていただいています。

✅ お客様も仲間にしてしまおう

ひとり運営で目指せる規模感は無限だと思います。

現にミウラタクヤ商店も、本書を執筆している間であっても、規模は成長し続けています。ただ、成長するなかで感じることは2つ、「売

上フェーズによりやるべきことは違う」「お客様にリピーターいただける仕組みが新規顧客獲得よりも大事」です。**ECサイトは成長し続ける仕組みです。いきなり売上が上がる仕組み**ではありません。

　そのため、常に売上の規模感フェーズにより「自分の運営に何が必要か？」を常に考え、「成長を目指すマインド」を持ち活動することで売上の向上はできます。また、**成長のために絶対に必要となるのが「お客様との絆（関係値）」**です。リピーターという言葉がありますが、お客様は時に強力な宣伝マンになってくれたりもします。単純に「2回以上買ってくれる人」ではありません。

　応援してくれるお客様が増えていけば、ひとり運営だったとしても、成長は無限です。成長曲線は緩やかですが、真摯にお客様に向き合いECサイトを運用することでの売上の成長を目指していきましょう。

図表48-1　お客様との絆

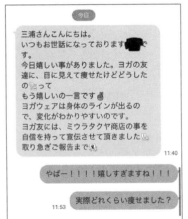

Chapter

5

グロースハックで
さらなる高みを
目指す

グロースハックの基礎知識

Shopifyは、グロースハックがしやすいコマースプラットフォームです。この章では、おもに組織運営のECサイトにおいて、Shopifyでグロースハックを実践する方法を解説します。

✓ グロースハックとは

グロースハックという言葉を聞いたことはありますか?

グロースハックとは、マーケティング、サイトの改修、商品企画、顧客サービスなどを**領域横断的に改善し、ビジネスが成長する仕組みを構築**することです。

「広告だけ」「Webサイトの改善だけ」「商品企画だけ」と、個別に改善するのではなく、集客、購入促進、リピーター化、収益化と、横断的にストアが成長することにフォーカスして取り組むことが特徴です。

✓ AARRRモデル

グロースハックでは、**AARRRモデル**がよく使われます。AARRRは、図表49-1の頭文字を取った言葉です。コマースビジネスをグロースさせる上で重要な施策を5つに分類するフレームワークです。

まずAcquisition（新規顧客獲得）は、広告などを活用してストア外から顧客を呼び込んでくる段階です。Activation（利用開始）では、呼び込んできた顧客に、商品のよさを理解してもらい、納得して購入してもらいます。Retention（継続利用）では、顧客にリピート購入を促し、生涯にわたって購入してくれる売上、つまりLTV（Life Time Value；顧客生涯価値）の最大化を狙います。Referral（紹介）では、顧客が顧客を紹介す

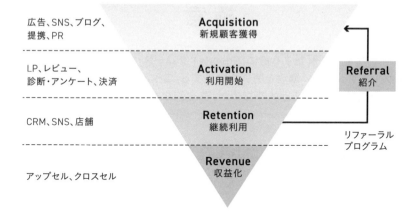

図表49-1　AARRRモデルの5つの分類

広告、SNS、ブログ、
提携、PR

Acquisition
新規顧客獲得

LP、レビュー、
診断・アンケート、決済

Activation
利用開始

Referral
紹介

CRM、SNS、店舗

Retention
継続利用

リファーラル
プログラム

アップセル、クロスセル

Revenue
収益化

る仕組みを作ります。そして、Revenue（収益化）では、収益を底上げします。

⊘ グロースハックはShopifyとも相性がよい

Shopifyは、AARRRモデルを実践するのに向いたECプラットフォームです。AARRRの各フェーズで使える便利なアプリが充実し、FacebookやGoogle、TikTokなど、各種のプラットフォームとも標準で連携できるため、グロースハックを実施する技術的なハードルが低いためです。

AARRRモデルに沿ってグロース施策に取り組み、広告で集客したり、セールで売上を作ったりするだけでなく、顧客との関係を強くし、より収益力の高いコマースビジネスを構築しましょう。

Shopify×グロースハックの極意

具体的な施策を解説する前に、Shopify×グロースハックの極意を先にお伝えします。それは「顧客と関係を構築する」ことです。ここでは、なぜ顧客と関係を構築することが大事なのか、基本的な考え方を解説します。

✓ 顧客データを存分に活かす

　Shopifyは、Amazonや楽天などのマーケットプレイスと比較すると、集客力はそこまで強くはありません。

　しかし一方、第2章でも解説した通り、Shopifyは顧客データを集めやすいという強みを持っています。その強みを生かし、**顧客のことをよく知り、顧客と丁寧にコミュニケーションを継続し、関係を深めてLTVを向上させ、さらに顧客の友人・知人を紹介してもらってグロースさせる**。これこそが、Shopify×グロースハックの王道です。

　Shopifyを活用して、顧客と関係を構築する上でのポイントは、以下の2点です。

> **顧客との関係を構築するポイント**
> ① Shopifyアプリを有効活用する
> ② 顧客データを活用する

✓ ①Shopifyアプリを有効活用する

　Shopifyには便利なアプリがたくさんあります。しかし、アプリをたくさん使えばよいわけではありません。むしろアプリを使いすぎると、ストアの表示を遅くしたり、アプリ同士のコンフリクトを生んだ

りと、マイナスの効果もあります。

　本章で後述するグロースハックの考え方にもとづいて、自身の商材や売り方に合ったShopifyアプリを厳選してください。使ってみて合わなければ、アプリの利用をストップしてもよいでしょう。

　一方、**アプリを活用して成果が出せたら、応用的な活用法を検討してもよい**でしょう。たとえば、レビューアプリのデータとお気に入りアプリのデータにもとづいて、CRM（Customer Relationship Management；顧客関係管理）アプリでメール配信するといったような使い方です。

　こういった発展的なアプリ活用をしたい場合、**APIを提供しているアプリ**を使う必要があります。本章で紹介するアプリは、APIを提供するものを中心に紹介しています。

✓ ②顧客データを活用する

　極意の2つめは顧客データの活用です。顧客と関係を構築するには、顧客のデータを収集・分析して、深く顧客のことを知ることが最初の1歩です。

　そのために、**顧客に関する各種データをすぐに使えるようにしてお**くことが重要です。Shopifyでストアを運営していると、Shopify、アプリ、その他システムにデータが散らばって、分析しづらいといったケースがあります。

　Shopifyでストアを運営されるさいは、どんなデータがあれば顧客とコミュニケーションを取りやすくなり、どうすればそのデータを活用できるかを整理しておきましょう。

　たとえば、Shopifyの顧客データと注文データ、レビューアプリやアンケートフォームで収集したデータをメールアドレスで統合すると、下記のようなことがわかるようになります。

データの統合からわかること

- Aという商品のレビュー得点の高い顧客は、その後もAという商品を継続購入しているか
- Aという商品の購入頻度の高い顧客は、Aという商品にどういったレビューコメントを残しているか
- Aという商品を購入する顧客は、アンケートでどういった回答をした人が多いか

　こういった**顧客のインサイト**がつかめるようになると、顧客との関係が構築しやすくなり、自然と売上も増えていきます。

Acquisition：新規顧客獲得①

Facebook・Instagram 広告を活用する

ここから具体的な考え方やグロース施策例を説明します。Acquisition（新規顧客獲得）とは、広告などを活用してストア外から新しい顧客を連れてくることです。まずはFacebook・Instagram広告の作成方法を紹介します。

✓ Facebook販売チャネル

　Shopify でFacebook・Instagram広告を活用する場合、第2章で連携方法を紹介した「Facebook」という販売チャネルを活用します。

　この販売チャネルでは、Shopify の商品データをFacebook や Instagram に簡単に連携させ、Facebook ショップやInstagram ショッピングに商品を露出させ、集客することができます。

　また、**Facebook ピクセル**の設定も同時に行うことができます。Facebook ピクセルとは、Web サイトの顧客の行動をトラッキングするコードのこと。Shopify ストア内に設置することで、**顧客がストア内に訪問したことや商品を購入したことなどをFacebook に学習させ、広告を配信するさいのターゲティング精度を高める**ことができます。

✓ 広告の設定方法

　Facebook・Instagram広告の設定方法を紹介します。

　まず、Facebookの「広告マネージャ」にて新しいキャンペーンを作成します。キャンペーンには、キャンペーンの目的や予算などが設定できます（図表51-1）。

　続いて「広告セット」の設定を行います。広告セットでは、おもに誰に対して広告を配信するかを設定します。地域や年齢、性別、興味関心などでターゲティングができます（図表51-2）。

図表51-1 広告マネージャで新規キャンペーンを作成

図表51-2 新しいオーディエンスを作成

　さらに、後述する「カスタムオーディエンス」や「類似オーディエンス」といった、特定の顧客を狙った広告を配信することもできます。

　1つのキャンペーンに複数の広告セットを紐づけることができますが、広告セット同士のターゲットが重複しないようにすることが重要です。重複すると自社の広告セット同士が競合してしまい、入札単価が高くなってしまったり、配信数が安定しなくなることがあります。

　最後に広告クリエイティブを設定します（図表51-3）。クリエイティブは、静止画だけでなく、カルーセルや動画なども設定することができます。1つの広告セットに複数のクリエイティブを紐づけることができます。広告開始当初は、どんな訴求軸がよいかを検証するために、複数のクリエイティブを設定しておきましょう。

図表51-3　広告クリエイティブの設定

⊘ クリエイティブ運用が重要

広告で成果を出すために、一番大事なのがクリエイティブ運用です。Facebook・Instagram広告は、予算額だけで配信数が決まるのではなく、**広告と顧客の関連度にももとづいて配信が決められていますが、その関連度に広告クリエイティブが強く影響**しています。

Facebook・Instagram広告では、通常のバナーだけでなく、動画やカルーセル型などのタイプのクリエイティブ表現が選べます。カルーセル広告は、広告ユニットのなかに、複数のクリック可能なクリエイティブを同時に掲載できる広告です（図表51-4）。

広告クリエイティブは、同時に3つ以上は配信することをオススメします。特に配信開始直後は、どの訴求がよいのかを検証することが大事なので、**訴求軸の異なるクリエイティブを3つ以上配信して成果を確認**しましょう。

また、どれだけパフォーマンスのよいクリエイティブも、一定期間出しっぱなしにしていると成果が落ちる傾向があります。落ちてくる前に新しいクリエイティブを補充する運用も重要です。

顧客が生み出すレビューやSNS投稿などのコンテンツは、UGC（User Generated Content）と呼ばれます。UGCが多く生まれているブランドや商品の場合、カルーセル広告のクリエイティブにUGCを活用することも有効です。UGCを使った広告は、広告自体へのいいねやコメントがつきやすく、広告費用を抑えて配信されやすくなります。

図表51-4 カルーセル広告の例

出典；Facebook for Business「カルーセル広告の7つの活用法」 (https://www.facebook.com/business/news/JA-carousel-examples)

Acquisition：新規顧客獲得②

Facebook・Instagram広告の機械学習を使いこなす

誰を狙って広告を配信するかも重要です。Facebook・Instagram広告は、ターゲティングの機械学習アルゴリズムが優秀です。ここではそんな機械学習の速度を改善し、学習をうまく機能させる設定方法を解説します。

✓ オーディエンスの作成

Facebook・Instagramのアルゴリズムがどれだけ優秀と言っても、学習データが蓄積するまでは、運営者側でターゲティング設定をしたほうがよいでしょう。

Facebook・Instagram広告では「**カスタムオーディエンス**」と「**類似オーディエンス**」を作成することができます（図表52-1）。カスタムオーディエンスとはストア側で保持している顧客リストのこと。類似オーディエンスとは、カスタムオーディエンスやFacebookピクセルでトラッキングした顧客リストに類似した顧客リストのことです。

図表52-1 オーディエンス

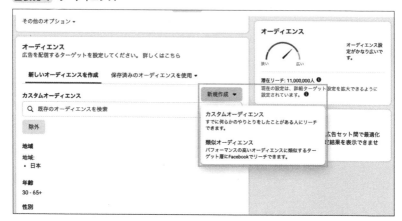

顧客データがある場合

Shopifyに顧客データが貯まっている場合は、顧客データをFacebookにカスタムオーディエンスとして登録して、その顧客リストに類似した顧客（類似オーディエンス）をターゲティングすることができます。

属性の傾向がある場合

性別や年齢などで購入される商品が異なる場合は、Shopify内で顧客にタグづけをして顧客リストを分類してから、カスタムオーディエンスを作成したほうがよいでしょう。Shopify内での顧客タグづけにはいろいろな方法がありますが、「Mechanic」というShopifyアプリを使うと、顧客の購入回数などによって自動でタグづけすることができます（図表52-2）。

図表52-2　Mechanic

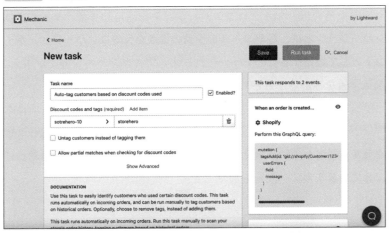

Mechanicで顧客へのタグづけルールを設定する （https://apps.shopify.com/mechanic）

Facebook・Instagram広告は、機械学習アルゴリズムによって広告の配信精度を高めています。機械学習アルゴリズムを有効に活用するには、**よい学習データをFacebookにたくさん送る**ことが必要です。

学習データとは、購入者のFacebook・InstagramやShopifyストアでの行動データのことです。購入者や購入しそうな人とSNSでコミュニケーションし、ストアに呼び込むことで、学習データが蓄積されて広告精度が高まります。つまり、広告の精度を高める上で、普段のSNSでのコミュニケーションも重要なのです。

マイクロコンバージョンの活用

機械学習は、1週間に50件以上のコンバージョンがあれば、有効に働くと言われています。しかし、広告予算が十分にない場合や、高額商品を販売している場合は、1週間に50件も購入を獲得することができないことがあります。

そんな場合は、マイクロコンバージョンを活用します。**マイクロコンバージョンとは、最終ゴールの手前の地点を仮のコンバージョンポイントとして設定する**ことです。これによって、コンバージョンが増え、機械学習を速めることができます。

チェックアウト画面への遷移や商品のカート追加をマイクロコンバージョンとして設定するのがよいでしょう。**ShopifyでFacebookピクセルを設定している場合、マイクロコンバージョンの計測も自動的にできています**ので、設定も簡単です。

Acquisition:新規顧客獲得③

Google広告活用
のための事前準備

以降、ShopifyでGoogle広告を活用する方法を解説しますが、ここでは実際に使ってみる前に、事前準備として確認しておいてほしい点について説明します。

ShopifyとGoogleを連携させる

まず、第2章で説明した手順を参考に（P.76）、Shopifyの商品データとGoogle Merchant Centerを連携し、Google広告アカウントをリンクさせましょう。商品データがGoogle Merchant Centerと連携されることで、Googleショッピング広告を出稿できるようになります。

コンバージョン計測タグの設置

ShopifyとGoogleチャネルを連携しても、Google広告のコンバージョン計測タグがうまく連携されないことがあります。Google広告の管理画面からコンバージョン計測タグをコピーして、Shopifyのチェックアウトの設定から［追加スクリプト］内にタグを設置してく

図表53-1 計測タグを追加する

Shopifyの［設定］→［チェックアウト］を開き、［注文処理］欄の［追加スクリプト］内にタグを設置する

ださい（図表53-1）。

　売上金額を計測したい場合は、Google広告のコンバージョンタグ内のvalueという項目などを修正する必要あります。Shopifyのヘルプページで説明されていますので、ご確認の上、設定してください。

　Shopifyヘルプセンター

　Google広告のコンバージョントラッキング

　https://help.shopify.com/ja/manual/promoting-marketing/analyze-marketing/tracking-adwords-conversions

Googleアナリティクスと広告を連携しておく

　GoogleアナリティクスとGoogle広告を連携しておくことも大事です。まだの方は事前にGoogleアナリティクスの［管理］画面内の［プロパティ］にある、［Google広告とのリンク］より、アナリティクスと広告を連携しておきましょう。

　Google広告の計測が正確に行えるようになることと、リマーケティングリストの作成に活用できるようになります。リマーケティングリストの活用方法は、後述するリマーケティングのセクションで解説します。

Acquisition:新規顧客獲得④

Googleで指名検索の 広告を活用する

Google広告はさまざまな広告メニューがありますが、本章では検索キーワード広告、リマーケティング、ショッピング広告を運用するさいのコツを紹介していきます。

✓ はじめてGoogle広告に取り組む場合は

Google広告にはじめて取り組む場合は、指名検索（ブランド名や商品名）の検索広告、リマーケティングの検索・ディスプレイ広告、ショッピング広告から始めてみましょう（図表54-1）。

図表54-1 Google広告のキャンペーン作成画面

［キャンペーン］→［新しいキャンペーンを作成］を開き、目標を［販売促進］や［見込み顧客の獲得］にして、キャンペーンタイプを選択する

　指名検索、リマーケティング、ショッピング広告は購入率の高い広告です。これらの広告でしっかり費用対効果が合うことを確認してから、徐々に広げていくのがオススメです。

指名検索の広告では、ブランドや商品を紹介する広告文で出稿しておけば大丈夫と思われがちですが、実は工夫の余地があります。

キーワードの再考

指名検索の広告を、部分一致やフレーズ一致で入札している場合、ブランド名や商品名を含む、さまざまな掛け合わせワードで広告が配信されます。そのなかには、購入意欲の低いキーワード、たとえば採用目的やブログページ閲覧のためのワードも含まれます。

Google広告の管理画面内の［すべてのキャンペーン］→［キーワード］→［検索語句］を確認してみましょう。そして、購入につながらないキーワードが見つかれば、対象キーワードを選択して［除外キーワードとして追加］しましょう。

広告表示オプションの再設定

また、Google広告には、［広告表示オプション］という、広告クリエイティブの情報量を増やし利便性を高める機能があります (図表54-2)。クリック率が高くなり、広告ランクの加点にもなりますので、活用しましょう。

広告表示オプションは目的別に数多く種類が用意されていますが、ECの場合、［サイトリンク表示オプション］や［価格表示オプション］などが特に有効でしょう。

指名検索の場合は、［サイトリンク表示オプション］で、おすすめコレクションや売れ筋商品のページへ誘導し、［価格表示オプション］で、人気商品やセール商品の説明と価格を広告枠に表示させることができます。

図表54-2 広告表示オプション

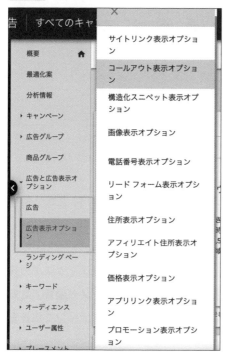

Google広告ヘルプ

広告表示オプションを選択する

https://support.google.com/google-ads/answer/
7332837

Google でリマーケティング 広告を活用する

指名検索の広告に続いて、ここはGoogleアナリティクスを活用して、広告の リマーケティングに取り組むさいのコツについて説明します。

✓ リマーケティングは Googleアナリティクスと連携して活用

　Google広告のリマーケティングは、Google アナリティクスと連携 して実施することが有効です。

　Google広告をGoogleアナリティクスと連携することで、Google広 告のオーディエンスマネージャー内で、**Googleアナリティクスで取得 したShopifyストア内の行動にもとづいたオーディエンスが選択できる ようになります。このオーディエンスに対してリマーケティング広告を 配信することができます。**

　たとえば、直近1週間に2回以上訪問している顧客やカート追加を した顧客など、購入しそうな顧客に絞って広告配信ができます（図表 55-1）。

図表55-1 Shopifyストア内の購買行動にもとづくリマーケティング

オーディエンス リスト	リマーケティング	カスタム オーディエンス	組み合わせオーディエンス		
オーディエンス インサイト	➕ ▼　フィルタを追加				
オーディエンス ソース	☐　**オーディエンス名** ↑			タイプ	ステータス
	使用中				
	☐　カート追加&未購入 トランザクション数＝0			ウェブサイトを訪れ たユーザー	オープン
	☐　コンバージョンに至ったすべてのユーザー サイト上でコンバージョンに至ったユーザーです。コンバージョン上			ウェブサイトを訪れ たユーザー 自動作成	オープン
	☐　サイトにアクセスしたユーザー（小売）（Google Ads） サイトにアクセスしたものの、特定の商品ページを閲覧しなかったユ			ウェブサイトを訪れ たユーザー 自動作成	オープン

設定方法

　設定方法は簡単です。まず、Googleアナリティクスの［管理］画面内の［プロパティ］にある、［Google広告とのリンク］よりGoogleアナリティクスとGoogle広告を連携します（図表55-2）。

図表55-2　Googleアナリティクスの管理画面

連携したいGoogle広告アカウントを選択する。すでに連携している場合は、リンクグループ名が表示されるので確認しておく

　連携した後、同じ［管理］画面内の［プロパティ］→［ユーザー定義］→［オーディエンス］で顧客リストを作成します（図表55-3）。

図表55-3　オーディエンスの作成

［＋新しいオーディエンス］をクリックする

オーディエンスを新規作成すると、直近1週間に2回以上訪問している顧客や、カートに商品を追加した顧客など、**Shopifyストア内での購買行動にもとづいて顧客リストを作成**できます（図表55-4）。

図表55-4　オーディエンスの条件を設定する

ユーザー属性や訪問頻度など、Shopifyストア内の購買行動にもとづいて、リマーケティングする顧客の条件を細かく設定できる

スマートリストの活用

　Googleアナリティクスのオーディエンスでは、「スマートリスト」という特殊なリストも作成することができます。**スマートリストは、Googleが機械学習にもとづいて、リマーケティング広告が有効と判断した顧客を自動でリスト化する機能**です。

　購入数が月に500件以上、1日のページビュー数が10,000以上あるストアの場合は、スマートリストが使えます。トラフィックやトランザクションの多いストアは、活用をオススメします。

✅ アップセル・クロスセルとしても活用できる

　広告と言うと新規の顧客を獲得するために使われがちですが、すでに購入した顧客にリマーケティング広告を配信してアップセルやクロスセルを狙うことも効果的です。

　購入後のアップセルやクロスセルは、CRMで実施することが多い

のですが、メールの開封率が通常50%以下であることを考えると、半数以上にはアプローチできていないのが実情です。そこをリマーケティングで穴埋めします。

　Googleアナリティクスと連携していれば、購入者を配信対象にすることができます。また、Google広告もFacebookのように顧客リストを登録してターゲティングすることもできますが、これを「カスタマーマッチ」と言います。**カスタマーマッチを使用すれば、どの商品を購入したかによって配信する広告を変えることもでき、より精緻なクロスセルやアップセルを実施**できます。

Googleでショッピング広告とディスプレイ広告を活用する

はじめての方が取り組むべきGoogle広告のうち、ここではGoogleショッピング広告とディスプレイ広告の活用法について説明します。

✓ Googleショッピング広告

Googleショッピング広告は、Googleの検索結果画面に商品が表示されるコマースサイト用の広告枠のことです。（図表56-1）

図表56-1 Googleショッピング広告の例

「水筒」というキーワードで検索した場合に表示される広告

2種類のショッピング広告

Googleショッピング広告には「**スマートショッピングキャンペーン**（2022年7月より順次P-MAX キャンペーンへ移行）」と「**通常のショッピングキャンペーン**」があります（図表56-2）。スマートショッピングキャンペーンやP-MAXキャンペーンは、検索ネットワーク、ディスプレイネットワーク、YouTube、Gmailなど、**Google広告のあらゆる配信面**

図表56-2 2種類のショッピング広告

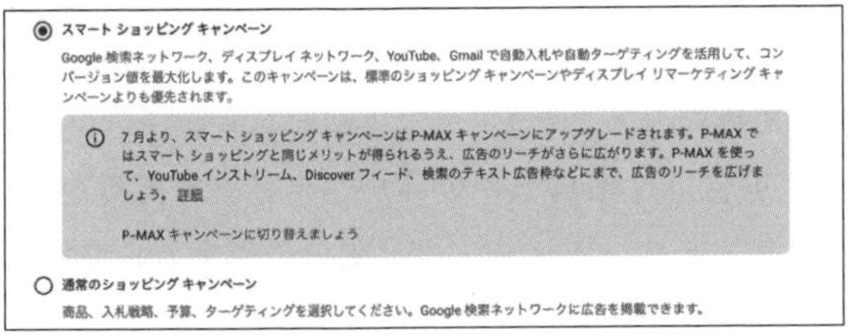

○ **スマート ショッピング キャンペーン**
Google 検索ネットワーク、ディスプレイネットワーク、YouTube、Gmail で自動入札や自動ターゲティングを活用して、コンバージョン値を最大化します。このキャンペーンは、標準のショッピング キャンペーンやディスプレイ リマーケティング キャンペーンよりも優先されます。

ⓘ 7月より、スマート ショッピング キャンペーンは P-MAX キャンペーンにアップグレードされます。P-MAX ではスマート ショッピングと同じメリットが得られるうえ、広告のリーチがさらに広がります。P-MAX を使って、YouTube インストリーム、Discover フィード、検索のテキスト広告枠などにまで、広告のリーチを広げましょう。詳細

P-MAX キャンペーンに切り替えましょう

○ **通常のショッピング キャンペーン**
商品、入札戦略、予算、ターゲティングを選択してください。Google 検索ネットワークに広告を掲載できます。

に、Googleの機械学習による判断により自動入札で広告配信するキャンペーンです。機械学習を有効に使うには、事前にコンバージョン数を蓄積して学習データを大量にGoogleに送っておく必要があります。1ヶ月に30件はコンバージョンが獲得できている状態にしてから使うとパフォーマンスが安定する傾向があります。

　Shopifyでのストア運用を開始したばかりの段階では、コンバージョンやリマーケティングリストが十分に貯まっていないため、**最初は、通常のショッピングキャンペーンを選んで**、クリック単価も個別クリック単価制にして、クリックの上限単価を自分で設定することをオススメします。パフォーマンスが安定してから、自動入札やスマートショッピングキャンペーン（P-MAXキャンペーン）を検討しましょう。

　また、ショッピング広告は、すべての商品で配信する必要もありません。広告開始当初は初回に購入してくれやすい商品グループだけで配信してもよいでしょう。

✅ ディスプレイ広告（GDN）

　Googleのディスプレイ広告（GDN；Google Display Network）は、YouTubeやGmailなどGoogleと提携するWeb上のさまざまな面に配信されます。指名検索、リマーケティング、ショッピング広告で成果が安定したら挑戦してみましょう。ディスプレイ広告には、「スマートディスプレイキャンペーン」と「標準のディスプレイキャンペーン」があります。**ショッピング広告と同様に、学習データが蓄積され**

るまでは、**標準のディスプレイキャンペーンを活用**しましょう。

　Googleのディスプレイ広告では、ターゲットの設定、特に**「コンテンツターゲット」が重要**です（図表56-3）。Facebookとは異なり、Googleのディスプレイ広告は、配信先の媒体がさまざまであるため、自社の商品に関心のある読者がいるメディアに配信設定する必要があるためです。

図表56-3　コンテンツターゲットの設定

コンテンツ. 広告を表示する場所
キーワードやトピック、プレースメントでリーチを絞り込みます

| キーワード | 商品やサービスに関連するキーワードを指定して、関連性の高いウェブサイトに広告を掲載します ⑦ | ∧ |

ターゲットを絞ったキーワード (2)

スカート、パンツ

● コンテンツ ターゲット

Google広告でディスプレイ広告を作成するさい、［コンテンツターゲット］から［キーワード］［トピック］［プレースメント］の3種類から各ターゲットを細かく設定できる

✅ Google広告もクリエイティブが重要

　ディスプレイ広告に限らず、Google広告でもクリエイティブが重要です。同じターゲットに配信する場合も、クリエイティブが異なれば大きく成果が違うことがあります。

　Googleでも広告クリエイティブは、**1つの広告グループあたり3つ以上は作成してテストすることをオススメします**。購入率やクリック率の低い広告は、なぜ低いか仮説を立てて、改善を繰り返しましょう。

　購入率が低い理由として多いのは、広告とランディングページ（LP）がマッチしていないことや、広告が商品の訴求点を正しく表現できていないことです。クリック率が低い理由として多いのは、競合性が強いこと、検索語句がクリエイティブに含まれていないこと、ターゲットに刺さるコピーでないことなどです。

✅ アンケート・診断を広告に活用する

ブランドや商品の魅力をうまく伝えられているクリエイティブが良いクリエイティブですが、言うは易し行うは難しです。何をどう伝えればよいのかは、すぐに答えは出ないことが多いでしょう。そんなときは、顧客からのアンケートや商品レビューが参考になります。

アンケートや商品レビューを読み込めば、顧客が何を評価しているかや、何を購入前に不安に思っていたかがわかります。そのデータや情報を活用して、何をどう伝えればよいかを考えると、発想しやすくなります。

また、LPやストア上にアンケートや診断を置いておくと、顧客リストが収集できます。アンケートや診断の結果が参考になるのはもちろんのこと、その顧客リストをFacebookやGoogleにオーディエンスとして登録することで、精度の高い広告を配信することもできます。

個人情報の取り扱いには細心の注意を払いつつ、顧客データは意識的に収集して活用できるように整理しておくことは、広告のパフォーマンスにも影響します。

✅ CRMは広告のパフォーマンスに影響する

CRMを頑張ることは広告のパフォーマンス改善に影響します。Facebook・Instagram広告やGoogle広告は、Webサイト上で購買行動をする顧客やInstagramアカウントでエンゲージメントアクションを行う顧客、その類似顧客をターゲティングすることができます。

SNSやメールなどのCRM施策で、関係性のよい顧客が増えると、そのぶんターゲティングできる顧客が増え、広告のパフォーマンスもよくなります。運用の工夫だけで広告を改善するよりも、CRM施策も含めて改善したほうが、長期的にパフォーマンスを高めることができます。

購入に至るまでの改善施策： ランディングページ

集客した顧客に購入してもらうには工夫が必要です。AARRRモデルの Activation（利用開始）の段階では、集客した顧客に、商品のよさを理解して もらい、納得して購入してもらうための施策を行います。

✅ ランディングページを改善する

　ランディングページ（以下、LP）とは、顧客がストアに流入してきた ときの入り口ページのことです。顧客は、**3秒以内に約50%が離脱す る**と言われることもあり、集客した顧客に検討してもらう上で、LP は重要な役割を担っています。

　LPの改善をする上で特に大事なポイントは以下の3つです。

　　① 広告クリエイティブとのギャップをなくす
　　② 流入元によってLPを最適化する
　　③ レコーディングデータを見て改善する

✅ ①広告クリエイティブとのギャップをなくす

　広告クリエイティブとLPの内容が違うと、購入率が低くなりま す。「安いですよ」と声をかけておきながら、ストア内で安さではな く「高品質ですよ」と訴求されると、期待と違うため、離脱してしま います。

　特にLPでは、ファーストビューが重要です。**広告クリエイティブ で訴求していることは、極力ファーストビューに入れる**ようにしましょ う。LPの下のほうに書いていても、3秒以内に離脱する顧客には見

てもらえません。

 ② 流入元によってLPを最適化する

初めて接触した顧客と、過去に検討した顧客とでは、**異なるLPで訴求すると購入率が高くなる**ことがあります。

初めての顧客はストアや商品のよさを知らないため、しっかりとストアや商品の特徴、利用者の声などを幅広く伝えるLPにしたほうがパフォーマンスがよい傾向にあります。

一方、リターゲティングで再来訪する顧客は、過去に商品の検討や購入をしているため、短時間で購入できるLPや、追加購入を訴求したLPに誘導したほうが成果がよい傾向にあります。

また、アフィリエイト広告経由の場合、アフィリエイターのページで検討してから流入するため、アフィリエイトのページの説明とLPの訴求内容にズレがあってはいけません。

同様に、SNS広告、検索広告経由などでも、それぞれ最適なLPは違うことが多いため、流入元別にLPを最適化しましょう。

Google Optimizeの活用

LPを何枚も作るのが大変な場合は、**Google Optimize**が活用できます。Google Optimizeは、流入元や顧客の属性（訪問回数や前回訪問からの期間など）別に**LPのABテストができるツール**です（図表57-1）。

Google Optimizeの管理画面から、画像やテキストなどのコンテンツを複数パターン設定し、Googleアナリティクスと連携して、テストを走らせると、ランダムに配信され、どのパターンがよいか検証してくれます。決着がつけば、勝ちパターンを固定にすることができます。

Google Optimizeのよいところは、LPを何枚も作らなくても、部分的なコンテンツを作るだけで、1枚のLPを流入元や顧客属性別に最

適化できることです。

図表57-1 Google Optimizeの設定画面

オリジナルとメインビジュアルの異なるものとでA/Bテストを行っているところ

✓ ③レコーディングデータを見て改善する

Googleアナリティクスで、購入率や直帰率などを見ているだけでは、LPの改善をするのは難しいです。購入率がなぜ低いのか、直帰率がなぜ高いのかがわからないからです。

問題を特定するために、顧客がLPをどうやって見ているかをレコーディングしましょう。「**Hotjar**」というツールを使えば、顧客がどうやってページを閲覧しているかをレコーディングしてくれます（図表57-2）。

レコーディングされたデータを見るときのコツは、**よい結果と悪い結果を比較する**ことです。たとえば、LPを閲覧した人のうち、カートまで遷移した人とそうでない人のレコーディング動画を比較することで、どんな要素をじっくり見た人ほど購入に至りやすいのかなどが推測できるようになります。

購入する人が見ている一方、購入しない人が見ていない要素がわかれば、より見てもらいやすいように、位置を調整したり、表にしたり

図表57-2 Hotjarによるレコーディング結果

イラスト化して見やすく修正します。

　カートに遷移しない人が、閲覧しているページにもヒントがあります。たとえば、商品ページを閲覧した後に、特商法のページや配送方法のページに遷移している場合、配送や支払い方の説明を商品ページに加えることで安心して検討が進む可能性があります。

バリエーションを比較しやすくする

　レコーディング動画を見ていると、色違いやタイプ違いの商品と比較している人がいることに気づくことがあります。よく比較している商品同士で比較表を作ったりして、比較しやすくしてあげると、検討がしやすくなり、購入率が高くなります。

　たとえば、ファッション、化粧品ブランドのDiorの場合、シェード比較機能によって、色を比較しやすくしています（図表57-3）。

動画にして伝える

　レコーディング動画を見ていると、ある箇所のテキストをずっと見

ていることに気づく場合があります。そんな箇所が見つかったら、テキストを図示、イラスト、画像、動画化して、直感的に理解できるようにならないかを考えます。

　たとえば、マットレスのキャスパーでは、マットレスの弾力性や機能性を説明するために、動画を有効に活用しています（図表57-4）。

図表57-3 Diorのシェード比較機能

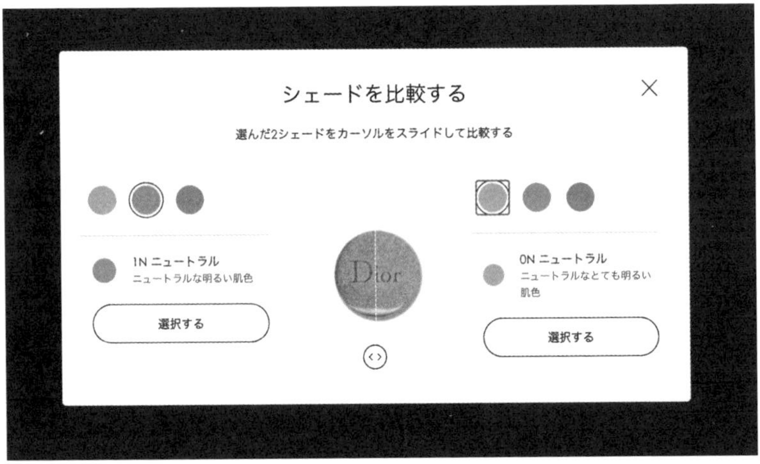

シェードを比較する　✕

選んだ2シェードをカーソルをスライドして比較する

1N ニュートラル
ニュートラルな明るい肌色

Dior

0N ニュートラル
ニュートラルなとても明るい肌色

選択する　　　　　　　　　　　　　　　　選択する

‹ ›

画面上でシェード比較ができて化粧品が選びやすい。出典：https://www.dior.com/ja_jp

図表57-4 キャスパーの動画活用

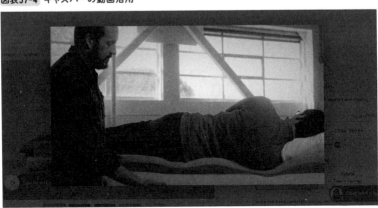

Activation：利用開始②

購入に至るまでの改善施策：
そのほかのチェックポイント

購入率の改善は、ちょっとした工夫でも改善することができます。ここでは、チェックアウト（決済）、レビュー、診断・アンケートについて紹介します。

⊘ エクスプレスチェックアウトを活用する

離脱率が高いのがチェックアウトページです。せっかくカートページまで行っても、それ以降で50%近い顧客が離脱をしていることがあります。

Shopifyには決済を簡単にする**エクスプレスチェックアウト**という機能があり、PayPalやShop Payなどで利用できます。エクスプレスチェックアウトを利用すると、顧客が一度購入すると、支払い情報と配送情報が保存され、次回以降はメールアドレス認証だけで簡単に購入ことができます。リピート購入を積極的に狙っていきたい場合は、エクスプレスチェックアウト機能は有効にしましょう。

⊘ レビューを活用する

多くの顧客は、商品を購入するときにレビューを確認するため、商品詳細ページにレビューがあれば、購入率は高くなります。

Shopifyでは、レビュー機能が実装できるアプリが複数ありますので、好みのものを選んで導入しましょう。レビューアプリでは、「Judge.me」（P.120）「Stamped.io」「Yotpo」などが有名です。

悪いレビューを恐れてレビュー機能の導入を避けるのは間違いです。**よいレビューはもちろんですが、悪いレビューは、商品やサービスを改善するチャンス**です。また、レビューに丁寧に返信コメントし、

ストアの誠意を示すこともできます。

　レビューアプリには、購入・配送後にレビューを依頼するメールを自動で送る機能があります。待っていても、なかなかレビューは増えませんので、アプリを導入したらリクエストメールは活用しましょう。

写真つきレビュー

　テキストだけのレビューよりも、写真つきのレビューのほうが有効です。レビューリクエストメールでは、写真つきのレビューを依頼しましょう。写真つきのレビューを投稿してくれた人にだけクーポンを発行するようなインセンティブ設定も可能です。なお、写真つきのレビュー機能は「Judge.me」「Stamped.io」「Yotpo」のどのアプリにも実装されています。

✓ 顧客を深く知る（診断販売、アンケート）

　顧客によい提案をするためには、顧客のことを知ることも重要です。特に、健康食品や化粧品のように、体質や趣味嗜好によって適した商品が異なる場合は、なおさらです。

　診断販売を活用すれば、顧客の悩みや関心ごとに合わせた提案ができます。また、アンケートも顧客を理解する上で有効です。商品を販売する前に何度か実施して商品開発に活用することもあります。

　診断販売とアンケートは、個別に開発して実装する以外に、「PersonalizeHero」というアプリや「Typeform」というクラウドサービスを導入して実装する方法があります。

　診断販売やアンケートで取得したデータは、Shopifyの顧客タグや、CRMアプリのカスタムプロパティに保存して、提案時に活用します。

　データを収集すれば、たとえば性別、年齢別、悩み別にメールを出し分けることができます。同じメールを全員に送るより、顧客に合わせてメールを出し分けたほうが、開封率、購入率が高くなります。

LTV最大化のための
継続利用施策

顧客が生涯に購入してくれる売上、つまりLTV（Life Time Value；顧客生涯価値）を最大化するためには、Retention（継続利用）施策がポイントになります。

⊘ CRMを実践する

Retention（継続利用）施策の中心になるのは、**CRM（Customer Relationship Management；顧客関係管理）** です。Shopifyには、CRMを実践するためのアプリが充実しています。CRMのアプリを使いこなして、LTVの最大化を目指しましょう。

⊘ ニュースレター配信

ニュースレター（メルマガ）は、古臭い施策だと思われるかもしれません。しかし、収益力の高いストアでは、ニュースレターからの売上が全体の30％を超え、今も有効なマーケティングチャネルです。

ニュースレターの配信には、「Shopify メール（Shopify Email）」「Klaviyo」「Omnisend」（いずれも P.288参照）アプリが活用されることが多いです。新商品の紹介やキャンペーンだけでなく、**顧客が楽しめるコンテンツを含めて、週に1回以上は配信する**ようにしましょう。

効果を出すコツ

ニュースレターを週に1回以上、継続的に配信するには、「コンテンツの型」が必要です。商品活用を促すためにコーディネイト紹介やレシピ紹介を活用したり、専門家・著名人のインタビューや顧客レビューの紹介など、続けやすいコンテンツの型を見つけましょう。

定期的に同じ曜日・時間に配信するようにして、顧客にメールを読んでもらう習慣をつけることも大事です。最初は、全員に同じニュースレターを配信すればよいですが、購入履歴やアンケートデータが貯まってきたら、顧客の属性に応じて配信するメールを出し分けると、さらに効果的です。

　インテリアのように1度しか購入しないような商品を販売している場合に、1度買った商品のセール情報が何度も送られてくると、顧客はよい気はしないでしょう。また、女性向けの商品の案内が、男性の顧客に何度も送られてくると、だんだん読まれなくなってきます。

　継続的に読んでもらえるよう、ニュースレターの内容はもちろんのこと、配信対象にも注意をしてニュースレターを運用しましょう。

✓ ステップメールでメール配信を自動化する

　ステップメールとは、**何か特定のアクションをした顧客に何通かのメールを自動で配信する施策**のことです。たとえば、ニュースレター登録をした直後、商品を購入した直後、前回購入してから1ヶ月経過したとき、定期購入を解約した直後など、顧客行動に合わせてメールを自動配信し、顧客と適切なコミュニケーションを行います。

　ニュースレター登録直後は、ストアの魅力を何通かに分けて伝え、初回購入されやすいエントリーモデルの商品をオススメするとよいでしょう。一方、購入直後は、商品の活用方法や商品レビューの紹介、購入商品の付属品やアップセル商品の提案などがよいでしょう。

　「Klaviyo」や「Omnisend」などのShopifyアプリでは、自動メールが簡単に設定できます。自動メールのフローで、配信対象顧客、配信タイミング、条件分岐などを設定することもできます（図表59-1）。

　ステップメールも、一律に同じメールを配信するより、顧客の属性に合わせたメールを配信するほうが効果があります。最初は同じメールでもよいですが、パフォーマンスを見ながら、徐々に顧客属性に合

図表59-1 メール配信の設定例

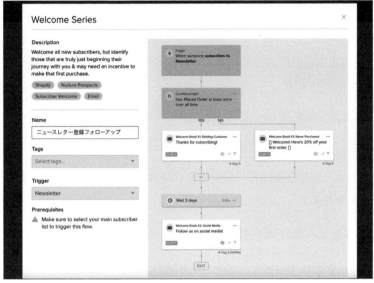

Klaviyoを使った自動メールの設定

わせたステップメールを作成するようにしましょう。

✓ メール作成のコツ8選

　メールは、コミュニケーションそのものですので、状況に応じた内容・タイミングで配信することが重要です。が、**ちょっとしたコツでもパフォーマンスを高められます**。ここでは、メールを作成する上でのコツを8個厳選して紹介します。

① 件名が超重要

　件名は超重要です。件名の違いで開封率が大きく変わりますので、件名は適当につけずにこだわりましょう。数値を使ったり、受信者の名前を入れるようにしたり、ちょっとした工夫をするだけで大きく開封率が変わることがあります。

② 送信者は人の名前

送信者名が、「サポート」や「ストア運営」のような匿名の場合より、「山田太郎」のように匿名でない場合のほうが、開封率が高くなる傾向があります。

③ セグメント＆パーソナライズ

件名、内容をパーソナライズするほど、また、細かくセグメントしてからメールを作るほど、開封率やCTR（Click Through Rate；クリック率）が高くなります。

④ プレビューテキストを活用

Gmailなどはプレビューテキストが表示され、それを見て開封を判断する人も多いと思います。プレビューテキストもパーソナライズしたり、要点をわかりやすくしたり表現を工夫しましょう。

⑤ アクションはわかりやすく

1つのメールで新商品の紹介、クーポンの紹介、ロイヤルティプログラムの紹介など、複数のアクションを促すと、何をしてほしいのかわかりづらくCVR（コンバージョン率、購入率）が下がります。1つのメールについて、ゴールは極力1つに絞りしましょう。

⑥ メールとLPの一貫性

広告とLPの関係と同様に、メールとLPの一貫性も重要です。メールが魅力的でも、メールから誘導したLPと内容がズレていれば、結局、コンバージョンに至りません。特にLPのファーストビューは意識して一貫性を持たせるようにしましょう。

⑦ オプトアウトの方法がわかりやすい

開封されないメールを何度も送ると、スパムフィルターに引っかかる確率が高くなり、メールマーケティング全体のパフォーマンスが悪くなります。閲覧する気持ちがないお客さんには、オプトアウトができるようにしましょう。

⑧ 最適な曜日と時間

開封されやすい曜日や時間を見つけましょう。CoSchedule Blogの調査によると火曜、水曜、木曜の午前6時、午前10時、午後2時、午後8時がよいとのことです。こういった調査データを参考にしつつ、自社の顧客にとっての最適なタイミングをテストで探りましょう。

✓ 定番メールのコツ7選

Shopifyに限らず、ECでよく使われる定番メールを7つ紹介します。メールマーケティングをこれから実践する場合、まずはこれらのメールの内、自社ストアに合っていると思うものから活用するとよいでしょう。

① ウェルカムメール

ニュースレター登録の直後に送るメールです。下記のように2〜3回に分けて送ることが多いです。ウェルカムメールはネット上にも事例記事が多いので、参考にしてみてもよいと思います。

- 1回目：ご挨拶とクーポンプレゼント
- 2回目：ブランドの成り立ち
- 3回目：ストアを活用する上で役に立つ情報

② カゴ落ちメール

　カートに商品を入れたまま離脱した人に送るメールです。カゴ落ちメールも何回かに分けて通知するケースもあります。

　カゴ落ちメールは売上に直結しますので、必ず設定しましょう。Shopifyの標準機能としてカート落ちメールは実装されていますし、「Klaviyo」や「Omnisend」のようなCRMアプリにも、ノーコードでリッチなHTMLメールでカゴ落ちメールが作れます。

③ 初回購入後メール・クロスセルメール

　初回購入直後にクーポンや関連商品を提案して再購入につなげるメールも重要です。初回購入から短い期間に複数回購入してもらうと、その後も長期的に購入してくれやすい、というのは、ECのセオリーです。関連商品や合わせ買いされやすい商品、クーポンを提案して再購入につなげましょう。

④ 補充提案メール

　日用品やサプリメント等の場合、使い切るタイミングの予測がつくため、そのタイミングに合わせて再購入を促すメールを送ります。

⑤ 休眠顧客対策メール

　一定期間購入してくれていない顧客に対してクーポンなどのインセンティブで復活購入を狙うメールです。ただし、一度、休眠顧客になってしまうと、クーポンなどを使ってもなかなか動いてくれません。ウェルカムメールや購入後メールなどを活用して休眠顧客にしないことのほうが重要です。

⑥ レビュー収集メール

商品購入後にレビューを収集するためのメールです。「Judge.me」や「Stampd.io」「Yotpo」などのレビューアプリを活用すれば右のようなメールを自動で送ってレビューを集めることができます。

レビューは購入促進につながりますし、仮に悪いレビューだったとしても早く手を打つことで、離脱を防ぐ手を打つことができます。

図表59-2 レビュー収集メールの例

⑦ 誕生日メール

誕生日にクーポンをプレゼントするメールです。クーポンを送る口実として誕生日はとても相性がよいです。ニュースレターや会員登録のタイミングで、誕生日を登録してもらうようにしましょう。

✓ アナログなCRMをあえて残す

定番メールとして、条件に応じて自動配信するメールもいくつか紹介してきましたが、CRMでは、あえてアナログな部分を残しておくことも大事だと思います。自動配信メールで提案された商品と、チャットやLIVE配信で、直接会話をした上で提案された商品では、後者のほうが購入率が高いです。

「Tidio」など、Shopifyのチャットアプリには、自動で顧客対応をしてくれるチャットボットの機能があり便利ですが、**1対1でコミュニケーションする余地も残しておくことで、ファンが増え、LTVを高めることにもつながります**（図表59-3）。

図表59-3 直接コミュニケーションの余地も残そう

　対面でのコミュニケーションも効果的です。ショールームを開設すれば、直接、商品を体験してもらったり、会話ができたりするようになります。また、オンラインストアでショールームの紹介をすれば、賃料の低い店舗でも十分集客ができます。

　しっかり時間を取って接客をするために、ショールームは予約制にすることも有効です。Shopifyには店舗予約ができる「Sesami」というアプリがあり、予約機能が簡単に導入できます（図表59-4）。

図表59-4 店舗予約アプリ「Sesami」

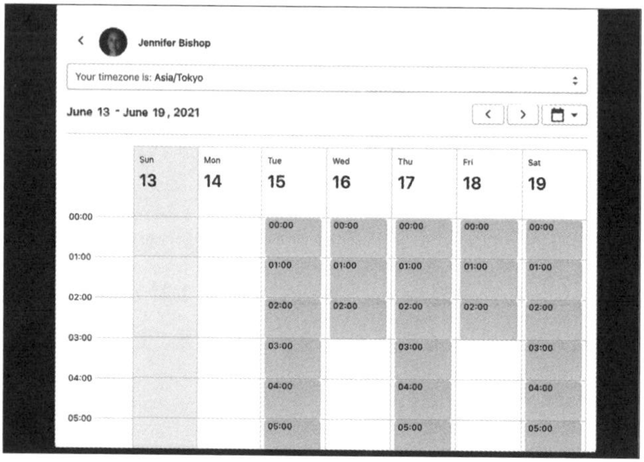

予約制にすることで、Shopify内の顧客データとショールームでの顧客からのヒアリング内容を紐づけることができます。アンケートでは収集できない深い情報が把握できますので、ショールーム来訪以降のCRMで有効活用できます。

また、ライブ配信を活用してリアルタイムでコミュニケーションするケースも増えてきました。Instagram上では、多くのブランドがライブ配信を行って顧客とコミュニケーションを行っています。「LiveHero」というアプリを使えば、Shopifyストア上でライブ配信やライブコマースを行うことができます。

✓ 大きな成果を出すには分析が大事

先程、定番メールを紹介しましたが、大きな成果を出すには、やはり分析にもとづいて施策を設計・実施することが大事です。

- 何度も購入してくれる顧客はどんな商品を買っているか
- 複数のコレクションをまたいで購入する顧客はどんなコレクションの組み合わせで購入するか
- ○○○という悩みを持つ顧客はどんな商品を買いやすいか
- 1度しか買ってくれない顧客はどんな商品を購入しているか

こういった顧客の購買行動にもとづいてシナリオや提案する商品を決めることで、精度の高いCRM施策を実践することができます。

Shopifyや各アプリからデータをエクスポートして、スプレッドシートやGoogleのBigQueryなどのツールに集約することで、このような分析を行うことができます。定番の施策だけでは物足りず、大きな成果を狙いたい場合は、データを分析できる環境を用意し、分析にもとづいたCRMにもチャレンジしてみましょう。

顧客が顧客を呼ぶ施策：リファーラルプログラム

Referral（紹介）では、顧客が顧客を紹介し、自然に売上や顧客が増えていく仕組みを作ります。このリファーラル施策には、インセンティブ型のリファーラル施策と自然拡散型があります。

✓ 2つのリファーラル施策

「**インセンティブ型**」のリファーラル施策は、ポイントやプレゼントなど、何らかのインセンティブを使ってリファーラルを人工的に促す施策です。一方、「**自然拡散型**」のリファーラル施策は、インセンティブを使わずに自然にリファーラルを生む施策です。

リファーラル施策は、グロースハックの花形ですが、難易度が高いです。インセンティブ型のリファーラル施策のほうが、比較的実施しやすいですが、それでも簡単ではありません。

✓ 日頃のコミュニケーションが重要

リファーラル施策を成功させるには、日頃から顧客とチャット、SNS、アンケートなどを通じて、双方向のコミュニケーションを行い、**顧客が発信しやすい状態を作っておくことが大事**です。

最初は、ブランドや商品について発信する人が少ないため、SNSで関連性の高いテーマについて投稿している人を見つけて、こちらから連絡をして関係を作りに行くぐらいのほうがよいでしょう。

ある程度、フォロワーが増えてきたら、SNS上やShopifyストア上でアンケートや顧客のアイデアを募集する企画をして、顧客の発信機会を作っていきます。たとえば、食料品を販売している場合、商品を使ったレシピを募集したりするような企画です。

Instagramや Twitterの投票機能やコメント機能を使って顧客に投稿してもらう方法でもよいですし、Shopify 上でアンケートや顧客のアイデアを募集するさいは、「PersonalizeHero」や「Typeform」など、フォーム作成サービスをよく活用します。

こういった施策を継続的に行い、**顧客との双方向のコミュニケーションを活性化しておくことが、リファーラル施策のベース**になります。

✅ リファーラル・アンバサダープログラム

顧客の発言が増えて、コミュニティが活性化してきたら、いよいよリファーラル施策を実施します。まずはインセンティブ型の施策を紹介します。

Shopify には「Referral Candy」など、リファーラルプログラムを実施するためのアプリがあります。リファーラルプログラムの導入手順は以下のとおりです。

① オファーを決める
② リファーラルプログラムのアプリを決める
③ プロモートする

① オファーを決める

オファーとは、紹介した人、された人に提供するインセンティブのことです。クーポンを提供することが多いですが、サンプル商品をプレゼントすることもあります。金銭的・物理的なインセンティブをつけなくてもよいです。

金銭的なインセンティブをつけると、インセンティブ目当てのSNS投稿が増えて、コミュニティの雰囲気が悪くなることもあります。オファーは冷静に考えましょう。

② リファーラルプログラムのアプリを決める

　オファーを決めたら、Shopify アプリをインストールします。リファーラルプログラムが導入できるアプリは「Referral Candy」「Loyalty」「Smile」などがあります。

　リファーラルプログラムのアプリは、他のアプリとの連携やコミッションフィーなどで高額になりやすいため、使いかたを決めてから、自社にとって費用対効果の高いアプリを選択します。

　アプリを使えば、ユーザーの管理やリファーラルリンクの生成など、リファーラルプログラムに必要な機能がShopify ストアに実装されます。

③ プロモートする

　リファーラルプログラムを、適切なタイミングで既存顧客に認知されるよう仕掛けます。購入直後や商品到着直後など、お客さんの気分がよいタイミングを狙って訴求することが効果的です。

✓ 購入直後

　購入直後のサンクスページは、リファーラルプログラムを訴求する理想のタイミングです。「Referral Candy」などのアプリでは、サンクスページでリファーラルプログラム訴求用のポップアップを表示する機能が標準実装されています。

✓ 商品到着時

　商品到着時もリファーラルプログラムを訴求する絶好のタイミングです。SNSで商品開封写真や動画を投稿している人を見つけたら、コンタクトしてみましょう。また、商品の同梱物としてリファーラルプログラムの紹介を入れておくことも有効です。

Referral：紹介②

顧客が顧客を呼ぶ施策：
アンバサダーマーケティング

アンバサダープログラムに対し、インセンティブを使わずに自然にリファーラルを生む施策「自然拡散型」について、ここでは事例を交えて解説します。

✓ アンバサダーマーケティングとは

　ロイヤルティの高い顧客は、インセンティブをつけなくても、アンバサダーとして自発的にブランドや商品を広める活動をしてくれます。このようなアンバサダーを応援し、自然拡散型のリファーラル施策を打つことをアンバサダーマーケティングと言います。インセンティブにも限りがあるため、今後は、こういったアンバサダーを育てていくことが、本質的には重要になるでしょう。アンバサダー施策のイメージを具体化するために、いくつか有名な事例を紹介します。

Lululemon

　北米のスポーツウェアブランドLululemonは、アンバサダーとうまく協力関係が築けている好例です。Lululemonのアンバサダーは、世界各地のヨガやランニングのインストラクターです。

　各アンバサダーは、ヨガやランニングの無料イベントを主催しています。そして、Lululemonは彼らのイベントのサポートをする形で支援しています。イベントを通じてアンバサダー自身はインストラクターとしてのアピールができる一方、Lululemonにとってはイベントを通じて地域に根ざしたマーケティングができる形となっています（図表61-1）。

図表61-1　Lululemonアンバサダープログラム

出典：https://www.lululemon.co.uk/en-gb/c/community/ambassadors

boohoo

　イギリスのboohooは、10代に人気のファストファッションブランドです。アンバサダープログラムを実施しており、やはり10代の女子に大人気のプログラムとなっています。

　アンバサダーに承認されると特別なイベントに招待されたり、boohooのモデルになることができます。また、彼女たちは、#queensoncampusというハッシュタグをつけて、Instagramに投稿をします。以下は、アンバサダーに選ばれた一人の女子のブログです。アンバサダーの特別イベントに参加できた喜びが紹介されています。このブログを読むと、boohooのアンバサダーになれることが、どれだけ嬉しいことなのかイメージしていただけます。

アンバサダーの例

| 「I'M A BOOHOO AMBASSADOR?! #queensoncampus Event」

https://alicehope.blog/2020/02/04/im-a-boohoo-ambassador-queensoncampus-event/

図表61-2 Instagramへの#queensoncampusの投稿

出典：https://www.instagram.com/explore/tags/queensoncampus/

✓ アンバサダーマーケティングを使ったリスト作成

　アンバサダーマーケティングは、広告やCRMのためのリスト作成にも活用できます。どのアンバサダー経由の顧客かによってセグメンテーションやオーディエンスリストにして、CRMや広告で活用します。当然、そのセグメンテーションやオーディエンスには、各アンバサダーを使ったクリエイティブや訴求が有効になります。

　どのアンバサダー経由の顧客かを計測するには、Shopifyのクーポンコードで行うのが簡単です。どのクーポンコードを使って購入したかで顧客ごとにタグづけをしてオーディエンスリストを作ります。タグづけには、前のセクションでも紹介した「Mechanic」が便利です。

　アンバサダーごとにユニークなクーポンコードを発行することで、特別感が出て、アンバサダー自身にも喜んでもらえます。

Revenue：収益化①

収益を底上げする施策： アップセル

ここまでの施策が順調に行えていれば、十分、グロースし、収益化もできていると思いますが、さらにダメ押しで収益を底上げする方法を解説します。

⊘ アップセルとクロスセル

「**アップセル**」と「**クロスセル**」の違いをご存知でしょうか？ アップセルは、購入商品や購入検討商品のよりアップグレード版を提案する販売手法です。一方、クロスセルは、購入商品や購入検討商品の関連する商品を提案する販売手法です。

Predictive Intentが行った調査によると、アップセルは平均的に売上の4％に影響するのに比べて、クロスセルは平均的に売り上げの0.50％程度とのことです[1]。

乱暴な言い方をすると、**アップセルのほうがクロスセルより約20倍売上インパクトがある**ということになります。

もちろん施策が違うので、単純比較できないですが、アップセルが効果的なことは間違いないため、まだの方は実施を検討しましょう。

⊘ アップセル設計のポイント

① 提案する商品

アップセルでは、関連性が高く、売れている商品をおすすめすることが大事です。いくらアップグレード商品だからといって、人気のない商品を提案しても売れませんし、余計な検討をさせてCVRが悪くなる可能性もあります。

② 提案するタイミング

買おうという気持ちが強くなったときに提案するとよいと言われます。具体的には、カート投入時やカートページ到達時などでアップセルを仕掛けると受け入れてくれる率が高くなります。後述するアップセル用のShopifyアプリも、こういったタイミングでアップセルを仕掛けられます。

③ CVR（コンバージョン率、購入率）

CVRが低い場合は、アップセル施策を行う前に、まずCVRを高めることに集中したほうがよいです。低いCVRのままアップセルをしても、余計にCVRが下がってしまう可能性があります。

④ 提案する商品数

アップセルとして提案する商品は、多くても3つまでにしたほうが効果的です。多すぎると迷ってしまうためか、あまりうまくいきません。

また、アップセルで提案する商品は、検討中の商品と比較しやすいものがよいです。たとえば、基本的に同じで、サイズ、スペック、デザイン、素材のうちのいくつかがよりアップグレードしているなどです。図62-1はスーツケースのAWAYのアップセル画面です。サイズの違いとそれに伴う用途の違いが図を交えてわかりやすく説明されています。

⑤ 価格差に気をつける

標準版の商品とアップセルするアップグレード版とで、どれぐらい価格差をつけるかも重要です。大きく価格差をつけたほうが、アップグレード版が魅力的に見えるケースと、あまり価格差がないほうが選ばれやすいケースとがあります。仮説を立てつつも、実験してみたほ

図表62-1 AWAYの提案

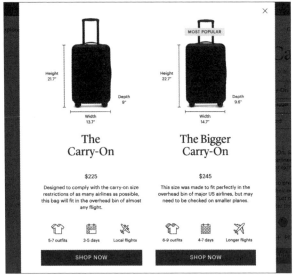

出典：https://www.awaytravel.com/

うがよいと思います。

⑥ 商品以外のアップセル

　アップセルは商品以外でも実施できます。たとえば、商品の無償交換、無償修理、カスタマイズなどです。AppleのAppleCareはアフターサービスの代表例です。カスタマイズとは、商品にオリジナルのデザインを入れたり、名前を入れたりするようなサービスです。

　スーツケースのAWAYでは、スーツケースに取りつけるタグに名入れをするカスタマイズサービスでアップセルしています（図表62-2）。

⑦ 効果検証をする

　アップセルがうまくいっているかどうかを検証して、ダメな場合は商品や提案するタイミングを変えてみることも必要です。アップセル

図表62-2 AWAYの商品以外のアップセル

名入れをオプションサービスとして提供。出典：前掲URL

のできるShopifyアプリではたいていレポート機能もありますので、効果が出ているかを確認しましょう。

✓ Shopifyアプリでアップセル

Shopify アプリを使えばアップセルも簡単に実装することができます。有名なものでは、「Bold Upsell」や「ReConvert Upsell & Cross Sell」（P.286）などがあります。これらのアプリを使って、商品ページ、カートページ、サンキューページでタイミングに合わせてアップセルを仕込んでおくことで、売上を底上げしてくれます。

アップセルアプリ

● Bold Upsell
● https://apps.shopify.com/product-upsell

※ 1：Upselling is 20 times more effective than cross-selling online（https://econsultancy.com/up-selling-is-20-times-more-effective-than-cross-selling-online/）

収益を底上げする施策：
クロスセル

関連商品を顧客に提案するクロスセルについても、実施のコツを紹介していきます。

✓ クロスセル

商品数が多い場合は、クロスセルも効果的です。そして、クロスセルは「Also Bought」などのShopifyアプリで簡単に実装できます。

クロスセルアプリ

- Also Bought
- https://apps.shopify.com/also-bought

クロスセルアプリは、レコメンドロジックのチューニングを行ってから使いましょう。 たとえば、アップセル用のオプション商品はレコメンド対象から除外したり、購入データが貯まるまでは、同一カテゴリの商品をレコメンドするなどの設定です。

Section57で紹介した「Hotjar」でレコーディング分析していると、クロスセルレコメンドによって、逆に悩んでしまって購入率が下がっていることに気づくことがあります。そんなときは、レコメンドをやめるか、特定の商品ページだけでレコメンドを検討しましょう。

✓ 成功するセール販売

セールは短期的に売上を上げるには効果的ですが、うまくやらないと長期的な売上を下げてしまう諸刃の剣です。

バーゲンハンターにしか購入されないセールをしても、セール後の売上がセール前と同じかそれ以下に落ちてしまいます。セール以降もリピート購入してくれたり、次の顧客を呼んできてくれる顧客を獲得できるかどうかがセールのポイントです。

エンゲージメントを高めてからセール販売

顧客のエンゲージメントを高めてからセールをすると、セール後の売上は、セール前より高い状態を維持しやすくなります。SNSなどで顧客と積極的にコミュニケーションを取り、コミュニティが活発な状態を作っておくと、セールで購入した後のSNS投稿が多くなり、次の顧客の集客につながります。

一方、エンゲージメントを高めずにセールをすると、セール後は、セール前と同じかそれ以下の売上に落ちてしまいます。それを続けると、セールでしか売れない状態になってしまいます。

継続的に成長するようにしっかりエンゲージメントを高めた上で、セールを活用しましょう。

シークレット販売と組み合わせたセール

シークレット販売は、新商品の一般販売前にお得意様や会員限定で、一足先に商品購入ができる販売手法のことです。セール販売と合わせて行うことも効果的です。

一般販売より先に商品を手に入れられたり、特別限定版の商品をセール価格で手に入れられることで、SNSでシェアをしてくれたり、単なる値引き販売で終わらず、新たな顧客を呼び込むことにつながりやすくなります。

Shopifyでシークレット販売をする時に便利なアプリが「Locksmith」（P.119）です。Locksmithを活用すると、特定の商品ページやコレクションページなどにアクセス制限をかけることができます。

Point

グロースハッカーの重要性

本章で説明してきたように、ECビジネスを成長させるには、積極的かつ継続的に顧客とコミュニケーションを取り、さまざまな施策を仕込み、効果検証を行い、改善を繰り返していくといった、時間的な投資が必要になります。しかし、ECの運営は、受注、出荷、問い合わせ対応などの業務に追われ、グロースのための時間が不十分になりがちです。

グロースの施策のなかで重要な、顧客データの収集やFacebook・Googleへの学習データの蓄積といった施策は、スタートが遅れるほどに挽回が難しくなります。社内でグロース担当を決めて、しっかりグロースの時間を確保するのが理想です。社内に知見がなければ、外部の専門家に教えを請いながら進めるのもよいでしょう。Shopifyでストアをリリースしたら、少しずつでもよいので、とにかく施策を前に進めましょう。

また、グロース担当という仕事は、マーケティング、開発、分析など、幅広い分野に関わるため、好奇心の強い人が向いています。本章を読んで面白そうだと思ったら、ぜひ、グロースハッカーを目指して取り組んでください。

Chapter

6

Shopify
エキスパートとの
協業

Shopifyの
公認パートナーとは

Shopifyにはストア運用におけるさまざまな課題をサポートてくれる、公認パートナーが存在します。Shopifyパートナー、Shopifyエキスパート、Shopify Plusパートナーとはどのような役割を担うのでしょうか？

⊘ はじめに

　さて、ここまでの章で皆さんは、基本的なShopifyの構築や運用方法に加え、運営の方法・効率化・グロースハック方法について学んでこられたかと思います。

　この章では、その基本的な知識を踏まえて、「自社」「外部パートナー」「フリーランス」とで協業し、売上や利益を最大化したり、自社に適した販売方法やマーケティングを実現するための方法を解説します。

　読者対象は次のような方を想定しています。

本章の読者対象

- 順を追って1章から学んできた方
- 基本的なECやShopifyの知識をお持ちで、協業によって「売上向上」「販売方法実現のためのアプリ開発を知りたい」「思い通りにデザインにカスタマイズしたい」方

　まずは、Shopifyに熟達した協業相手を選ぶための公認パートナー制度について説明してから、どういったことを協業すべきかの順で解説をしていきます。

✓ Shopify公認パートナーについて

Shopifyには「Shopifyパートナー」や「Shopifyエキスパート」と
いった公認パートナー制度があります。耳にしたことがある方も多い
かと思いますが、その他の開発ベンダーやマーケティングコンサルタ
ントと何が違うのでしょうか。

Shopifyパートナーとは、Shopifyとパートナーシップを結んでい
るShopify公認のストアのサポートを行う企業や個人のことです。さ
らにShopifyパートナーのなかでも、厳しい条件をクリアしたパー
トナーだけが**Shopifyエキスパート**を名乗ることができます。いわば
「Shopifyを利用したストアの専門家」のことであり、公認パートナー
のなかでも最上位ランクにあたります。

Shopifyパートナーは申請さえすれば、ほぼ誰でもなれますが、
Shopifyエキスパートはストア構築やアプリの開発に造詣が深い方が
多く、高い専門性や実績を証明した者だけが認められます。

また、**Shopify Plusパートナー**という制度も存在しますが、これは
最上位プランShopify Plusの構築を行うパートナーです。

図表64-1 Shopifyパートナープログラム

エキスパートに依頼する ケースとは

ストアを運用するさまざまな場面における課題に対し、心強い味方となってくれるのが、最上位ランクに位置するShopifyエキスパートです。彼らの力を借りるケースとは、いったいどういうときなのでしょうか?

✓ どのようなときにエキスパートに依頼を考えるべきか?

ストアを開設し、運用にも慣れてくると、より事業を拡大するために外部の力を借りたいと思ったり、アプリを追加したけれどうまく動作しない、ストアが重くなってしまったなど、Shopifyならではの課題や困りごとが出てくる方が増えていきます。

そのようなときに頼りたいのが、Shopify運営のプロフェッショナルであり、公認パートナーの最上位ランクにあるShopifyエキスパートです。エキスパートの力を借りてストアを運用することの違い、いつ、どういったタイミングで力を借りるべきかについて、詳しく説明します。

✓ セルフ運営と協業で運営することの違い

ご自身でストアを運営することと、エキスパートに頼るときの差異は何でしょうか。

まず、ひとりでストアを運営することと、Shopifyエキスパートのみならず複数人のチームで運営することはまったく違った業務になります。

Shopifyエキスパートに頼ればすべて課題が解決するということではなく、まず自分自身を含め、Shopifyエキスパートを迎えた**チームでストアを運営していく、という考え方**で臨むことが必要になります。

　ひとりで運営する場合は、ご自身ですべての顧客と向き合うことができ、施策内容もすべて自分で決定することができます。そのため、細やかな変更を自分の裁量で行うことができ、より顧客に寄り添った対応を行うことができるのが魅力です。

　また、それにより成果が出たときも、自身の成果として感じることができ、数字の増減もどの施策が関連しているかすぐに把握しやすいといったメリットがあります。残しておくログや分析も自分がわかればそれで問題がなく、施策の管理も自分のやりたいものができるといった自由度が高いのが特徴です。

　一方で、多方面からの施策やストア運用の網羅的な情報の収集がしにくいといったデメリットがあります。

　絶え間ないストアの成長のために、多角的に状況を分析し、絶えずPDCAを繰り返していくためには、Shopifyエキスパートを含めたチームでの運用が必須になります。

　ですが、**複数人で運用するからこそ、情報共有をどうするべきか考えたり、言語の統一化を図る必要が出てくる**のです（たとえば、「顧客」という言葉1つとっても、それが新規顧客なのか、既存顧客のことを指すのかといった認識の齟齬が生まれやすくなるのがチームです）。

　ここまでご説明すると、「ストアや顧客の管理だけでなくチームの管理まで行わないといけないのであれば、ストアの成長に注力するべく自分自身で運用したほうがいいのではないか」と考える方もいらっしゃるかもしれません。

　ですが、チームで運営することの最も魅力的な点は、**役割分担をすることによって、より多くの見込み顧客にストアや商品の情報が届く**ことです。さらに、施策や分析を外注することで、自分自身はより接客やサポートに注力して顧客満足度を上げることができたり、商品の品質向上に取り組めるようになるなど、ストア全体の成長の底上げにつ

ながります。

　事業の成長について「**目的の場所に早く行きたいのならひとりでや**
れ。遠くに行きたいならみんなでやれ。」という言葉があります。

　ストアの成長とはまさにこの考え方が当てはまります。ひとりで
スピード感を持って判断し運営することと、Shopifyエキスパートを
チームに入れてより成長の規模感自体を大きくすることは、同じ成長
でもまったく違うベクトルなのです。

　自身のみで運用を続けるべきか、プロの力を借りて運用していくべ
きかは、今のストアをどうしていきたいかという方向性をまず考え
て、判断していくのがいいのかもしれません。

　そのなかで一点だけ迷わずShopifyエキスパートに相談したほうが
いいのは、**アプリに関する知見**です。

- アプリを利用したいがどんなアプリがいいのかわからない
- ストアの構築で技術的な課題を抱えている
- アプリを入れたらストアの速度が遅くなってしまった
- アプリを入れたらアプリ同士が干渉してエラーが起こってしまっ
  ている

　このように、**自身の経験で判断できないことや技術的に習熟してい**
ないとわからないことが出てきたさいは、迷わずShopifyエキスパート
の知見を借りたほうがよいと言えるでしょう（図表65-1）。

✓ APIを活用してカスタムアプリを作りたい場合

　欲しいアプリが見つからない、入れたいアプリがあるが他のアプリ
と干渉してしまうなどの問題が起こったときには、アプリ開発を得意
とするエキスパートにShopifyアプリの開発を依頼することができます。

図表65-1 Shopifyエキスパートに依頼するとよいケース

	デフォルト機能でストアを構築する	Shopifyアプリストアのアプリを利用する	カスタムアプリを開発する
Shopifyエキスパートへの相談がオススメ	✕ SaaSのサービスに慣れている方がいれば対応可能	△ シンプルで簡易な機能のアプリであればよいが、どのアプリがストアに合っているのか試していく必要がある。たとえば「mail」で検索しても多数のアプリがヒットするため、選ぶのは簡単ではない	○ GraphQL APIにより、さまざまなデータの活用が可能だが、各パラメータを理解し、クエリのコスト計算をした上での設計が必要となる
コスト性	○ $29／月〜の最低限のコストで開始できる	△ 無料のアプリと月額費用が必要なアプリがある	✕ カスタムアプリの開発は通常のシステム開発と同じく、サーバーを用意し、システムの設計、開発が必要となるため、コストは大きくなる
拡張性	✕ ECをはじめるのに最低限の機能は揃っているが、顧客体験を向上させるにはアプリによる拡張が必要	△ デザインやフルフィルメント、マーケティング、CRMなどさまざまなアプリが揃っているが、だいたいの機能はアプリで簡単に実現できる。ただし、理想通り100点のUI／UX、機能を求める場合は、カスタムアプリの開発が必要となる	○ カスタムアプリはShopifyの充実したAPIを利用して、ほぼすべてのことが実現できる。ストア内の機能はもちろん、外部システムや社内の基幹システム等との連携も可能
リスク事項	システム的なリスクはないが、運営しながら顧客に最適な購入体験を提供するために、Shopifyアプリストアの各アプリを検討してみてほしい	ストアフロントに関わるアプリは、アプリ同士が競合し、表示や処理が不具合を起こす可能性がある。また、インフラも各ベンダー依存になるため、購入動線におけるアプリは負荷による障害が発生することがあるので、注意が必要	アプリが稼働するインフラが必要となるので、インフラの維持、保守コストが必要となる。また、アプリ自体もShopifyに合わせてアップデートしていく必要があるので、保守が必要となる

Chapter 6 ShopifyエキスパートとのＭ業

257

Shopifyエキスパートは、APIを利用してアプリ構築を行います。APIでは、商品情報の取得、受注情報の作成、購入品のチェックアウトなどを行うことが可能です。

　このAPIを活用することで、Shopifyの既存機能やアプリをインストールするだけでは実現できない機能や連携も、独自で開発できるようになります。ShopifyのAPIを利用したアプリ開発が得意なShopifyエキスパートについては、P.281で紹介しています。

✓ デザインにこだわりたい場合

　Shopifyでは80種類以上のテーマが提供されており、無料、有料問わず管理画面のエディタから編集することが可能です。テーマはある程度ノーコードでも編集できるようになっているので、画像の追加やテキストの編集などであればエンジニアではない人でもドラックアンドドロップ等でデザインのマスタマイズができます。

　それでも、より踏み込んで複雑な、希望通りのデザインにしたい場合は、ストア構築を得意とするShopifyエキスパートに依頼するのがよいでしょう。ショップの構築には、HTMLとCSSのコーディングはもちろん、Liquidというテーマの編集に利用されるShopify専用テンプレート言語を利用する必要があるので、デザインのためにそれだけ学習する時間や人手がいないというマーチャントは、フロントエンドの知識とあわせてLiquidの知識が豊富な専門家に依頼することが一番の近道となります。

　また、Shopifyには便利なアプリも多くありますが、あまりアプリを入れすぎるとストアの表示速度が遅くなってしまう場合があります。ポップアップなどを表示したいさいにはアプリなどを利用せず、コーディングで対応したほうがよい場合もあります。

　必要な機能を洗い出し、フロントエンドで実装すべきなのか、アプリとして入れるべきなのかShopifyエキスパートに相談することも可

能です。

　アプリとして入れるべきかについては、後述の「アプリ選定の知見がほしい場合」もあわせてご参照ください。

✅ 保守運用性の高いテーマのカスタマイズ

　すでに述べたとおり、Shopifyではコーディングすることでストアの自由度を上げることができます。

　ですが、直接ファイルにハードなコーディングをしてしまうと、管理画面からの編集ができなくなる可能性があります。保守・運用性（維持管理のしやすさ）の高いテーマにしていくためには、ハードコートではなく「セクション」を編集して実装する必要があります。

　この点に留意せずにデザインだけを過剰におしゃれにカスタマイズしてしまった結果、Shopifyのよさの1つである、管理画面から機能を追加したらフロントのデザインも自動で変わる、といった点が殺されてしまったECストアを私も見たことがあります。

　ですので、複雑なデザインを検討の方は、これまた適したShopifyエキスパートを見つけてご依頼されるのがよいかと思います。

自力なら「セクション」としてカスタマイズを

　とはいえ、せっかくなので自力で試みたい方向けの解説も以下に入れておきます。

　「セクション」とは、オンラインストアのさまざまなページのレイアウトと外観を決定する、カスタマイズ可能なコンテンツブロックのことです（図表65-2）。

　管理ページ上の［オンラインストア］から［テーマ］選択し、編集したいテーマの［カスタマイズ］をクリックすると、「ヘッダー」「テキストオーバーレイ」「フッター」などのブロックが左メニューに表示されますが、これら1つ1つがセクションになります。

図表65-2 テーマの「セクション」

　セクションには、「静的セクション」と「動的セクション」の2種類があります。

　静的セクションとは、ストアの決まった箇所に表示されるセクションのことです。たとえば、ヘッダー、フッター、ナビゲーションセクション、またはコンテンツセクションなどが含まれます。これらのセクションは削除したりすることはできない、ストアの必須の要素になります。

　一方で、動的セクションとは、オプションで選択できて、より詳細にストアのレイアウトをカスタマイズできます。

　動的セクションは比較的自由に追加したり配置したり削除することができます。

　ただし、デフォルトでは最大で25個の動的セクションと決まっています。

　上記のように、追加する要素をセクション化することで、管理画面から画像を直接ドラッグ＆ドロップで更新したり、テキストを追加したり、商品のコレクションを追加・編集していくことがコーディング不要で実装できるようになります。

　更新のたびにそれぞれのファイルのコードを書き換えるよりも、**セ**

クションとしてカスタマイズすることで、**必要な箇所だけ修正・変更を
することができるようになる**のです。

アプリ選定の知見がほしい場合

　Shopifyアプリストアには、ストアの成長を加速させる数多くのア
プリがあります。ですが、同じような機能のアプリがいくつも並んで
いて、どの機能を選んでよいかわからないといった悩みを持つマー
チャントも少なくありません。

　ほかにも、ポップアップを出すアプリを入れたら、クーポンを出す
アプリが動かなくなってしまったなど、アプリ同士が干渉してしまう
事例や、アプリそのものはアプリを提供する公認パートナーの環境
（サーバーや使用されている言語のバージョンなど）に依存するため、大量のア
クセスがあったさいにストア自体は無事だけれどアプリが落ちて使え
なくなっていた、というリスクも起こりえます（図表65-3）。

図表65-3　購入導線上にアプリを利用するさいには注意が必要

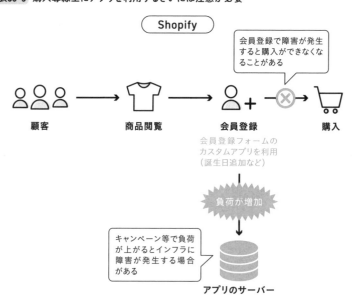

自身のストアにどのようなアプリを入れるべきか、または入れないべきかで悩んだ場合は、アプリを提供しているShopifyエキスパートに相談するのが最適です。

　導入を迷っているアプリを入れるべきか、またはハードコーディングで機能をストアに実装したほうがよいのかなど、プロの目線から選定・検討をすることができます。

　Shopifyアプリストアで迷ったときは、比較したいアプリを選び、それぞれのアプリ提供パートナーに問い合わせてみましょう。

✓ マーケティング施策に提言が欲しい場合

　次に、集客施策やCRM（顧客関係管理）、アップセル、クロスセルといったマーケティング全般に関してテコ入れをしたい場合はどうすべきでしょうか。

　まず、これらのマーケティング施策は、Shopify固有の解決方法があるわけではなく、ECサイトを運営する上ではどんなカート構築サービスを使っていても基本的には同じです。

　ですが、Shopifyを利用することで、これらを簡単、効率的に行えたり、通常よりもコストを下げることが可能です。

　たとえば、Google ショッピング広告に掲載したいとき、通常の手順であればGoogle Merchant Centerのアカウントを取得して、商品のCSVを一覧で作成し、そのデータをアップロードして広告アカウント取得して運用するといった煩雑な手続きが必要になります。

　ですが、Shopifyの場合、「Google Channel」アプリを使うことで、自動で商品リストを作成して連携するといった効率化が可能です（第2章P.74、第5章P.209参照）。

　また、アフィリエイト連携「集客」アプリを利用することで、本来はエンジニアに依頼をして計測用のタグを設置しなければいけないといった手間を自動化するなど、通常の導入コストをぐっと下げること

ができます。

アフィエイト連携アプリ

- アフリエイト連携「集客」
- https://apps.shopify.com/shopify-application-102?locale=ja

※2021年9月にアプリ名称を改変し、大幅アップデート予定

特にご自身のみでストアを運用しているときは、マーケティングの施策にアプリの利用が欠かせませんが、課題解決のために効率的、合理的に進めるためにはどのようなアプリを入れるべきか、最新のアプリにはどのようなものがあるかといったことについては、Shopifyエキスパートに相談するのが望ましいでしょう。

Point

**アフィリエイト連携「集客」を活用し、
購入してもらうまでの期間が10分の1に**

世界初の照明一体型3in1プロジェクター「popIn Aladdin」を製造・販売するpopIn株式会社は、アフィリエイト連携「集客」アプリを使用しサイト運営を行っています。アフィリエイトによる成果対象のうちのほとんどの顧客が、アフィリエイトリンクを経由してから2〜3日のうちに購入しており、これまでの10分の1に短縮できています。また、売上も好調に伸びています。

従来の「アフィリエイト」のイメージを覆す、全体流通の20%程度を向上させた売上向上事例となっています。

- popIn株式会社「popIn Aladdin」
- https://aladdin.popin.cc/

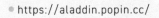

263

広告代理店に依頼すべき？

　それでは、これまで広告代理店にマーケティングや集客を外注してきたけれど、Shopifyに移行した場合これまで通り広告代理店に依頼すればいいのか悩んでいる方はどうでしょうか。

　広告代理店に依頼したものの、結局はタグの埋め込みなど技術的な対応をしなければいけないなど、煩雑な手続きが必要になる場合があります。

　そんなときは、まずはShopifyの集客に特化したエキスパートを選んで相談することがオススメです。筆者が経営している株式会社ハックルベリーもそうですが、専用のアプリを開発しているパートナーに依頼することで、集客など特化した分野に精通している、Shopifyの開発自体にも慣れているので、広告代理店だけでは作業が完結しない分野まで一気通貫でお任せいただくことができます。

　たとえば下記のように、従来の広告代理店とは一線を画すShopifyならではのECに寄り添った広告運用サービスもリリースされ始めています。

集客ブースター

- https://huckleberry-inc.com/shukyaku-booster/
- **Shopify**に特化した広告集客の「クリエイティブ制作／出稿／分析／改善」を一気通貫で提供するサービス

　一方で、これまでひとりで運用してきた方で、次のような場合はどうでしょうか。

- LINEショッピングやアフィリエイトがよいなど、さまざまな意見

を聞いているけど、結局どれを試したらいいかわからないので、提言がほしい

- 売上自体は上がっているものの、マーケティングが1つの方法に偏ってしまっている

　後者の場合、売上自体は上がっているので、下手に横展開せず取り組んでいるマーケティングを伸ばせばよいと考えるかもしれません。

　ですが、広告施策に始まる数多くの集客方法は、回数を重ねれば重ねるだけ効果が薄くなってしまうという側面があります。

　1つのやり方に頼ってしまうと、パフォーマンスが落ちていき、最終的には新規顧客が取れず、費用だけかかる施策にもなってしまう可能性があります。そうなる前に、支えとなる他の方法を試しておく必要があります（図表65-4）。

図表65-4　集客施策はポートフォリオが重要

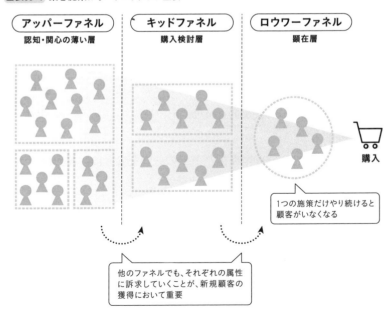

そのため、そういった場合でも経験豊富なShopifyエキスパートとともに、どういった施策をどのような順番で行っていくべきか相談することが望ましいといえるでしょう。

✓ 適切な公認パートナーの探し方

最後に、自身のストアに適切なShopify公認パートナーを探す方法についてご紹介します。

優秀な公認パートナーの多くはブログ記事を公開したり、セミナーを行ったりとアウトプットを多く行っています。

そのような記事やセミナーを参考にしつつ、気になる公認パートナーがいた場合はコンタクトを取るのも1つの手段です。

また、セミナーに参加したさいに、課題や迷っていることを直接相談してみましょう。そのパートナーが解決できない場合でも、他の適切なパートナーを紹介してもらえる可能性があります。

セミナーの情報は、Shopifyコミュニティページのイベント情報から確認することができます。

コミュニティから探す

- Shopifyコミュニティーページ
- https://events.shopify.com/japan

下記の日本のShopifyエキスパートの一覧を参考に、各会社のホームページを参考にする方法もあります。

一覧から探す

- 日本のShopify ExpertsとShopify Plus Partnersの一覧
- https://community.shopify.com/c/総合的なディスカッション/日本のShopify-ExpertsとShopify-Plus-

Partnersの一覧/td-p/722989

また、Shopifyエキスパートやアプリ制作会社がアライアンスを組んだ、企業連合もでき始めています。エキスパートに期待することや頼みたいことが多岐にわたる場合は、こういった団体に相談し、最適なエキスパートを紹介してもらうのも手かもしれません。

団体から探す

- App Unity
- https://appunity.jp/

ストアの成長をボトムアップさせるためにも、ぜひ公認パートナーの力を借りてみてはいかがでしょうか。

最後にShopifyエキスパートの力を借りたほうがいい場合の図をつけておきます（図表65-5）。お時間がない方は、これだけ見て参考にしていただいても結構です！

図表65-5 Shopifyエキスパートの力を借りるべき方

1つでも該当したらエキスパートに相談を！

- ☐ APIを活用してカスタマイズアプリを作りたい
- ☐ デザインにこだわりたい
- ☐ 保守運用性の高いテーマのカスタマイズ
- ☐ アプリ選定の知見がほしい
- ☐ マーケティング施策に提言がほしい

Shopifyのエコシステムに参加しよう

Shopifyは公認パートナーを軸としたアプリやテーマの販売によって、巨大なECエコシステムを築き、成長してきました。ここでは、そんなエコシステムに参加する方法を説明します。

✓ Shopify公認パートナーにステップアップ

前セクションで説明したように、ストアのさらなる成長のためにShopifyエキスパートを活用することはケースによって大変有意義です。しかしストアのなかには、すでにご自身でアプリやテーマを開発したり、自身の運用経験をもとにアドバイザーとして、他のストアに対しコンサルティングを行っている方もいるかもしれません。

すでにShopifyに精通しており、構築・運用のアドバイスができるというマーチャントには、次のステップとしてShopify公認パートナーになるという方法があります。

Shopifyの公認パートナーになることで、Shopifyエコシステムに参加し、アプリの販売やテーマの販売、顧客紹介によるレベニューシェアで収益を上げることができます。

Shopify公認パートナーには、以下の3つのランクがあります。

- Shopifyパートナー
- Shopify Plusパートナー
- Shopifyエキスパート

✅ Shopifyパートナーになるには

1つ目の「Shopifyパートナー」は、Shopifyとパートナーシップを結ぶことで個人、企業問わずになることができます。Shopifyパートナーになるにはまず、下記URLからアカウントを作成します。

アカウントを作成する

- Shopify partners
- https://www.shopify.jp/partners

アカウント作成は無料で行えます。ストアの構築に慣れてきたという方は、ぜひShopifyパートナーになってみましょう。

Shopifyパートナーになることで、さまざまなレベニューシェアを得ることが可能になります。おもに、Shopifyパートナーで収益を上げる方法は下記の4つがあります。

収益を上げる方法

① 新規にショップを構築し、有償化してマーチャントに譲渡する
② Shopifyアフィリエイトプログラムによるマーチャントの紹介
③ Shopifyアプリを開発して販売する
④ Shopifyテーマを作成して販売する

なお、収益の発生にはそれぞれ条件があります。各認定制度の特徴について見てみましょう。

✅ ①新規にショップを構築し、有償化してマーチャントに譲渡する

Shopifyパートナーに登録すると、「パートナーダッシュボード」と

いう管理画面上から開発ストアとして無料でストアを開設することができます。

登録できるストアに上限はなく、Shopifyプレミアムプランと同等の機能を使うことができます。

テーマの確認など、開発の確認にも利用できる開発ストアですが、ここで作成したストアを別のマーチャントに譲渡することにより、利益（＝レベニューシェア）を受け取ることも可能です。

ストア制作を依頼されているマーチャント用に管理画面上でストア構築し、それの所有権を依頼主のマーチャントに移行し、有償プランに切り替えることでレベニューシェアが発生します。

レベニューシェアの発生には下記の条件がありますので、ご注意ください（図表66-1）。

図表66-1 レベニューシェア発生条件

有償化後のストアプラン	収益	条件
● Shopify Lite ● Shopify ベーシック ● スタンダード ● プレミアム	マーチャントの月額サブスクリプション料金の20%に相当するレベニューシェア	マーチャントが有料のShopify顧客のまま、かつストア提供者がアクティブなShopifyパートナーのままである限り、毎月振り込み
● Shopify Plus	マーチャントの月額サブスクリプション料金の10%に相当するレベニューシェア	Shopify Plusのフォームで申請。マーチャントが有料のShopify顧客のまま、かつストア提供者がアクティブなShopifyパートナーのままである限り、毎月振り込み

条件に含まれる「アクティブなShopifyパートナー」とは、12ヶ月ごとに下記のアクティビティのいずれかを行っているShopifyパートナーのことを指します。

アクティブなShopifyパートナー

- 開発ストアを作成し、譲渡する「開発ストアの紹介」
- アフィリエイト紹介
- Shopify Plusに加入する新しいマーチャントまたは既存のマーチャントの紹介

 ② Shopifyアフィリエイトプログラムによるマーチャントの紹介

　Shopifyアフィリエイトプログラムとは、Shopifyから提供されるアフィリエイトリンクを自身が運営するブログやサイトに記載することによって、リンクからオンラインショップが開設された場合に紹介料を獲得するプログラムです。こちらも支払い条件が決まっておりますのでご注意ください（図表66-2）。

図表66-2 アフィリエイトの収益と条件

対象となるストア プラン	収益	条件
● Shopify ベーシック ● スタンダード ● プレミアム	ストアを開設したマーチャントの最初の2ヶ月分の月額サブスクリプション料金と同額	・収益はマーチャントのストア開設から最初の2か月間に支払われる ・最初のコミッションの支払いは、マーチャントの最初の月のサブスクリプション料金の値に等しい ・2回目のコミッションの支払いは、マーチャントの2か月目のサブスクリプション料金の値に等しい ・最初の月にマーチャントがShopifyを解約すると、2回目の支払いは行われない ・マーチャントが最初の1か月間でプランをダウングレードまたはアップグレードした場合、2か月目の収益は新しい月額サブスクリプション料金と等しい ・マーチャントが年間サブスクリプションを選択すると、月額サブスクリプション額に基づいて最初の2か月の間に収益が支払われる

さらに、Shopifyアフィリエイトプログラムに参加するために、Shopifyパートナーのなかでも審査が必要になります。お申し込みのさいは、下記の条件にマッチしているかご確認ください。

アフィリエイト参加条件
- アクティブなウェブサイトを所有および運営している
- 紹介するウェブサイトの訪問者が明確になっている
- オンラインコース、ブログ記事、ビデオ、ガイドなどのオリジナルコンテンツを作成している
- コマース、起業、Shopifyまたは他のEコマースプラットフォームでの運用経験がある
- Shopify パートナープログラム契約（https://www.shopify.com/partners/terms）を読んだ

お申し込みのさいに、実際に掲載するサイトや宣伝方法について明記したり、Shopifyの運用実績などを説明する項目がありますので、事前に準備しておくことが必要です。

③ Shopifyアプリを開発して販売する

Shopifyが提供するAPIを利用して、Shopifyアプリストア上でアプリを作成して販売する方法です。

Shopifyアプリストアでは、マーチャントはストアの課題に合わせて自由にアプリを追加することができます。このストアの成長を促し、課題を解決するアプリをAPI等を利用して開発し、販売することでレベニューシェアを得られます（図表66-3）。

すでに自社でネットショップ支援ツールを自社で開発している方にオススメです。

図表66-3 アプリ販売の収益と条件

収益	条件
アプリの販売価格の80%	・作成するアプリはShopify パートナープログラム契約（https://www.shopify.com/partners/terms）に準拠しなければいけない ・アプリを管理するパートナーのみ、アプリ販売での収益資格対象になる

アプリの利用料の請求には、GraphQL AdminAPIを利用する必要があります。アプリの開発だけでなく、請求用にAPIを利用することも忘れないようにしましょう。

Shopifyアプリの開発は、上記APIやライブラリを理解する必要があり、アプリを作りたいが自社だけだと難しい場合は、下記のように共同開発で「元サービス運営会社」＋「Shopifyアプリ開発会社」によるアプリのリリースも見受けられます。

共同開発アプリの例

- スタッフスタート連携
- https://apps.shopify.com/staff-start?locale=ja

- formrun - フォーム作成・顧客管理
- https://apps.shopify.com/formrun?locale=ja

④Shopifyテーマを作成して販売する

テーマとは、ストアのデザインを決定するテンプレートのことです。

マーチャントはストアのデザインを「Shopifyテーマストア」から無償、有償問わず選ぶことができますが、Shopifyパートナーはここで有償のデザインを作成して販売することで収益を得ることができます。

テーマは、HTML、CSS、JavaScriptの使用はもちろん、Shopify特有のテンプレート言語であるLiquidを利用して開発する必要があります。

Shopifyのデザインカスタマイズやフロントエンド開発が得意な方にオススメです。また、テーマの販売には下記の2通りの方法があります（図表66-4）。

図表66-4 テーマ販売の収益と条件

収益	条件
オプション1: 各テーマ販売額の70%	・テーマ販売後のバグ修正を担当する必要がある。また、テーマに関してマーチャントから質問があった場合回答する義務がある ・個人のチャネル（会社のWebサイトなど）を介して販売することが可能（他ECやプラットフォームでの販売は不可）
オプション2: 各テーマ販売額の50%	・テーマ販売後のバグ修正を担当する必要があるが、テーマに関してマーチャントから質問があった場Shopify側で回答する ・他のチャネルを介してのテーマの販売は不可

テーマ販売後、いずれもバグがあった場合は改修する義務がありますが、質問があった場合の対応や販売チャネルの違いなどでレベニューシェアに違いがあるので、販売後の対応コストなどを鑑みていずれのオプションにするか選ぶ必要があります。

以上が、通常のShopifyパートナーができることです。

✓ Shopify Plus パートナーになるには

2つ目の「Shopify Plusパートナー」は、Shopifyの最上位プランである Shopify Plusの構築を行うパートナーです。Shopify Plusパートナーは技術力、成長力などさまざまな面で厳しい条件をクリアしたパートナーのみ、Shopify Plusパートナープログラムに申し込むことができます。申込後、Shopifyからの審査を受けて、通ったパートナー

のみがShopify Plus パートナーとして活躍できます。

　Shopify Plus パートナーの場合、通常のShopify パートナーだとShopify Plusの構築および紹介のレベニューシェアが10%であるのに対し、20%になるといったメリットがあります。誰でもなれるものではありませんが、プログラムに参加する前提条件が公開されていますので、ストア構築の実績がある方はチャレンジされてみてもよいかもしれません。

参加条件

- Shopify Plusパートナープログラムの資格を得る方法
- https://help.shopify.com/ja/partners/plus-partners/qualify

Shopifyエキスパートとして仕事を受注する

　最後に、「Shopify エキスパート」についてご紹介します。

　Shopify エキスパートとは、Shopify 公認パートナーのなかでも最もランクが高いパートナシップです。Shopify エキスパートになることで、専用ロゴが利用できるようになったり、「Experts マーケットプレイス」に参加できるようになります。

　Experts マーケットプレイスでは、Shopify エキスパートに認定された会社の情報が掲載されます。マーチャントはこのマーケットプレイスを通じて、Shopify の専門家である Shopify エキスパートに仕事を依頼します。提供するサービスはマーケティングのコンサルタントからストアのセットアップ、開発など多岐にわたります。

　トップクラスのパートナーとして、レベニューシェアの割合も他の方法とは異なります（図表66-5）。

図表66-5 Shopifyエキスパートのレベニューシェア

収益	条件
Expertsマーケットプレイスで発生した仕事の収益合計のうち90%	Shopifyの手数料に対する税金に加えて、支払われた金額の10%未満が差し引かれる

　Shopifyと締結できるパートナーシップは、以上の3つになります。構築ベンダーのなかには、上記のパートナーシップに当てはまらないにもかかわらず、Shopify公式パートナーを自称するところもありますので、仕事を依頼するさいは相手がどのパートナーであるかを理解することが必要になります。

　ストアの構築、運用の技術に習熟してきたら、パートナーとしてShopifyのエコシステムに参加することで、さらなる利益を出せることがおわかりになったかと思います。

　そのなかでも、技能と経験を活かすことができればShopifyのプロフェッショナルであるShopifyエキスパートとなり、事業拡大の新しい道を切り開けるようになるはずです。

　続いて、Shopifyエキスパートになるために必要なことについてご紹介します。

⊘ Shopify エキスパートになるには

　Shopifyエキスパートでできること、その魅力について説明しましたが、どのようにしてShopifyパートナーからランクアップさせることができるのでしょうか。

　まず条件としては、下記申請フォームからExpertsマーケットプレイスに参加する申し込みを行います。

申請フォーム

- Experts Marketplace Interest Form
- https://docs.google.com/forms/d/e/1FAIpQLSeawnG 9btrjNbGpTxnJ7jc4_s_x3B7o_7IAk29mNPPfFo6UWQ/viewform

　申し込みには、パートナーIDなどの情報、専門とするサービスのカテゴリ（マーケティングやコンテンツの作成など）、マーチャントの実績などが必要になります。

　しかし、このフォームに申し込んだだけでは誰でもShopifyエキスパートになれるわけではありません。Shopifyではエキスパートマーケットプレイスの参加について、以下のように定めています。

「エキスパートマーケットプレイスへのアクセスは、提供するサービスで実績のある専門知識を証明し、熟練した経験あるShopifyパートナーに限定されています。」

　上記の通り、Shopifyのサービスに習熟しているだけでなく、より専門性と実績の有無が問われています。そのため、フォームで申請したあとも、Shopifyによる厳しい審査が行われ、そこで承認されて初めてShopifyエキスパートとして活躍できるようになるのです。

　Shopifyエキスパートになるためのスキルに不安がある、自分のスキルを試してみたいという方は、Shopifyパートナーアカデミーのコンテンツで試験を受けたり、学習したりできます。また、Shopifyパートナーのガイドでも、Shopifyパートナーとして成功するためのノウハウがまとまっているので、実績が少ない場合はまずはここから技術やビジネスモデルの構築を身につけることがオススメです。

スキルを磨くための参考サイト

- Shopify Partner Academy
- https://www.shopify.com/partners/academy

- Guides for Shopify Partners
- https://www.shopify.ca/partners/guides

エキスパートの選び方

それぞれの強みや思想を
把握した上での協業

Shopifyエキスパートと一言で言っても、その性質はさまざまです。このセクションでは、それぞれのShopifyエキスパートの強みを把握し、自社に最適な協業パートナーを選ぶ指針を示します。

　Shopifyエキスパートはさまざまな課題に対してサポートしてくれる心強い味方です。しかし、それぞれに強みがあるため、自社に最適なパートナーをいかに選ぶかが重要になってきます。以下、パートナー選びの指針となる考え方を、筆者の視点からご紹介します。ここに記載されていないエキスパートもたくさんいらっしゃいますが、大切なのは「相性」です。価格や、有名であるといったことだけで判断せず、何社かと「対話」を行うことが重要です。

1.Shopify Plusパートナー

　Shopifyの最上位プランにShopify Plusがあります（第7章で解説）。Shopify Plusはエンタープライズプランのため、このプランに限りShopifyエキスパートではなく「Shopify Plusパートナー」という制度が導入されています。Shopify Plusのメリットは、Shopifyの特徴であるチェックアウト画面をカスタマイズすることができる、Plusだけの管理機能がある、管理アカウントが無制限であることが挙げられます。Shopify Plusは最上位プランであるため、日本のパートナーは現状5社となっています（2021年7月現在）。

- 株式会社ウェブライフジャパン（https://www.web-life.co.jp/）
- CREAM株式会社（https://www.cream-touch.com/ja/）
- トランスコスモス株式会社（https://www.trans-cosmos.co.jp/）

- 株式会社フラクタ（https://fracta.co.jp/）
- フラッグシップ合同会社（https://flagship.cc/）

2. ECサイトのフェーズに応じて過剰な売り込み・提案を省き、適切な支援を受けたい場合のShopifyエキスパート

　幅広い知識で適切なアドバイスを行ってくれるShopifyエキスパートは、Shopifyでストアを開設したいが、自社でやるにはリソースとリテラシーが足りない、しかし予算を過剰には割けない、そもそも自社のフェーズがわからないといった場合に最適です。

　新しい事業を始めるとき、自社サイトをリニューアルするとき、まずはノウハウがない・リニューアルをしっかりと計画したいというなかで、どんなことから始めたらよいか、どんなところにお金をかけるべきかがわからない、という場合がほとんどではないでしょうか？

　そんなときに、たくさんの実績をもち、適切な提案を行ってくれるパートナーは非常に心強いです。

　このようなエキスパートの特徴は、旧来の開発会社のような「会社規模の大きさ」や「社員数」を売りにせず、少数精鋭でプロフェッショナルなアドバイスをくれる点です。

　一方で、発注先に「会社規模の大きさ」や「社員数」を求める場合、またコンペなどで価格比較したい場合は依頼が難しい場合があります。特に紹介制の企業などの場合は常に仕事が多く舞い込んでいる状況の場合が多いので、まずはSNSやWeb幹事（https://web-kanji.com/posts/shopify）経由でお問い合わせいただく形が相談しやすいです。代表的なエキスパートとしては、おもに次の企業があります。

- 株式会社R6B（https://r6b.jp/）※完全紹介制
- 株式会社StoreHero（https://storehero.io/ja/）

3.アプリ開発に強いShopifyエキスパート

　アプリ開発に強いエキスパートを選ぶ場合、Shopifyのアプリストアにあるアプリの組み合わせだけではなく、自社の固有の機能を搭載できるプライベートアプリを作ってもらいたい、自社の基幹システムをつないで欲しい、既存のアプリをカスタマイズして使いたい、といったニーズを満たしうるかを基準にすると選びやすいです。

　一方で、なんでもカスタマイズ開発をするのは結局工数が膨れ上がったり、他システムと比較しての優位性が失われてしまうので、Shopifyのエコシステムとしてはあまり筋がいいとは言えません。まずしっかりとしたパブリックアプリをリリースされているShopifyエキスパートのアプリを使ってみて、そこから相談する形がよいと言えます。代表的なエキスパートとしては、次の企業が挙げられます。

- 株式会社BERTRAND「Ship&co」（https://www.shipandco.com/ja/）
- Team Lunaris（https://teamlunaris.com/）
- 株式会社ハックルベリー（https://huckleberry-inc.com/）
- 株式会社フィードフォース（https://www.feedforce.jp/）
- 株式会社フロアスタンダード（https://service.floor-s.co.jp/）
- 株式会社ミクスローグ（https://mixlogue.jp/）

4.ブランディング、デザインに強いShopifyエキスパート

　ブランディングとデザインに強みを持つエキスパートです。Shopifyでサイトを構築するが、どういった打ち出しをするべきか、どういったブランドを作ったらいいかというところまでサポートしてくれます。ECにおいてブランド構築は非常に重要であり、UI/UXの観点からも、デザイン力だけでなく、動きや表示速度まで含めた適切

な実装を行ってくれる技術力も重要です。その点をしっかりとサポートしてくれる代表的なパートナーには、次のような企業があります。

- 株式会社UnReact（https://unreact.jp/）
- 株式会社アーキタイプ（https://www.archetyp.jp/）
- 株式会社chipper（https://corp.chipper.co.jp/）
- non-standard world株式会社（https://www.non-standardworld.co.jp/）

5.総合的にサポートしてくれるShopifyエキスパート

　構築だけではなく、サイト運用や広告運用をすべて一緒にやってくれるエキスパートも存在します。このようなパートナーはサイト構築・クリエイティブ制作・広告出稿運用・受注発注対応、さらには倉庫の選定や出荷対応もしてくれるパートナーも。

　一方で、ECビジネスの領域は非常に多岐にわたり、すべてを丸投げでポン、というわけにはいきません。まずは「どこまでお任せしたいか」「どんな価値を提供してもらいたいか」をしっかりとパートナーに伝えることが大切です。その内容によって、コストも数十万から数千万まで大きく変わってきます。しっかりとコミュニケーションを行い、適切な役割分担を実現することが、パートナーとのより良質な協業を実現するコツです。代表的なエキスパートとしては、次のような企業が挙げられます。

- 株式会社KOSHIKI（https://shopify-koshiki.com/）
- コロニーインタラクティブ株式会社（https://colony-i.com/）
- コマースメディア株式会社（https://commerce-media.info/）
- 株式会社フルバランス（https://fbl.jp/）
- 株式会社illustrious（https://www.illustrious.co.jp/）

6. 越境ECに強いShopifyエキスパート

　越境ECはサイト構築に留まらず、マーケティングや物流について
も相談できるパートナーだと心強いです。越境ECを前提に検討され
ている方は、そんな幅広い領域でサポートしてくれるエキスパートに
相談するのが近道です。

- 株式会社アパレルウェブ（https://www.apparel-web.co.jp/）
- 株式会社 GO RIDE（https://goriderep.com/ja/）
- 世界へボカン株式会社（https://www.s-bokan.com/）※第3章コラム参照
- 株式会社飛躍（https://hiyaku-inc.com/）

7. 継続的、かつ、より個人同士の関わり方で綿密なサポート
を受けたい場合のShopifyエキスパート

　Shopifyは制作会社などの企業の形のみならず、個人で活動されて
いるパートナーも多くいらっしゃるのが特徴です。個人で活動しなが
らShopifyエキスパートの認定を得ているプレイヤーは、1人でECビ
ジネス全般を見ているケースが多くあります。単なる制作に留まら
ず、サイト制作後のサポートやEC全般の相談も可能な場合もあるた
め、最初の相談先としてもおすすめです。

- 新井敬之さん（https://taka-forward.com/）
- 塩澤耕平さん（https://ec-diy-education.com/）
- 岸本健勇さん（https://ksk-assistant.com/）

　また、クラウドソーシングサイトLancers（https://www.lancers.jp/）では
個人で活動されている人の登録がありますので、ぜひご覧ください。

アプリ活用か協業かを見極める

エキスパートに頼らず アプリでどこまでカバーできる?

ここまで、Shopifyエキスパートとの協業について書いてきましたが、逆説的にエキスパートに頼らずに運営を試みるさいに必要な情報を、このセクションでは共有します。

✓ オススメアプリ一覧とアプリでできる限界

エキスパートに頼らない場合に必要となるのが、Shopifyアプリの知識です。

Shopifyのアプリストアに公開されているアプリを活用することは、ストア運用・物流・集客などの面において、さまざまなメリットをストアに提供します。

こういったアプリを活用することによって、他のECカート以上の機能を享受することができます。その一部を紹介しながら、後半ではアプリ活用の限界も示します。

✓ ①集客系のアプリ

Googleチャネル

- https://apps.shopify.com/google?locale=ja
- CPC（クリック課金型）広告の基本であるGoogle広告に、Shopify上のデータを連携し簡単に広告出稿できるようになる（第2章P.74、第5章P.209）

Facebookチャネル

- https://apps.shopify.com/facebook?locale=ja
- CPC（クリック課金型）広告のなかでもFacebookやInstagramといっ

たD2C商材に適した広告に、Shopify上のデータを連携し簡単に
広告出稿できるようになる（第2章P.74、第5章P.201）

アフィリエイト連携「集客」

- https://apps.shopify.com/shopify-application-102?locale=ja
- CPA（Cost per Acquisition；顧客獲得単価→売上成果報酬型）広告であるア
  フィリエイト広告を簡単に出稿できるようになる。LINEショッ
  ピングや比較サイトに売上成果報酬で出稿できるようになるの
  で、リスクが少なくオススメできる（P.263）。

  ※2021年9月にアプリ名称を改変し、大幅アップデート予定

 ②コンバージョン向上・アップセル・クロスセルのアプリ

Tidio - Live Chat & Chatbots

- https://apps.shopify.com/tidio-chat?locale=ja
- ストア運営者とユーザーがチャットルームでメッ
  セージをやり取りすることができる。運営側は管
  理画面からメッセージの返信ができ、またメッセージの履歴を
  ユーザーごとに管理ができるため便利

Popup

- https://apps.shopify.com/powr-popup?locale=ja
- カゴ落ちを防ぐために、顧客がセッションを終
  了するさいに、割引ポップアップまたは特別オ
  ファーポップアップを表示できる。また、カスタマイズされた
  ポップアップでメールアドレスを収集し、ポップアップを通し
  てサインアップした後、自動でウェルカムメールを送信するこ
  ともできる

ReConvert Upsell & Cross Sell

- https://apps.shopify.com/reconvert-upsell-cross-sell
- Shopifyデフォルトのサンクスページは顧客へのお礼文章・注文内容・お届け先など記載してある程度だが、本アプリを使用すれば特定の画像を載せたり、別のページへ誘導したりすることができる

✓ ③決済系のアプリ

基本的にチェックアウトフローのカスタマイズはできませんが、Shopify Plusプランのみカスタマイズが可能です。

- 特定の商品を購入する場合のみ、特定の情報を表示したり、確認をしたい
- 購入時に生年月日等、特定の情報を取得やアンケートを実施したい
- 特定の商品を購入した場合に特定のタグを付与して、CRMに活用したい

こういった場合には、Shopify Plusプランにする必要がありますが、2021年7月現在、Plusプランにアップグレードするためには、Plusパートナーに依頼をしないとアップグレードすることができません。そのため、Shopify Plusパートナーまたは、Plusプランを扱ったことのあるShopifyエキスパートへの問い合わせが必要です。

✓ ④定期購買のアプリ

定期購買（サブスクリプション）はShopifyの標準機能にはありませんが、APIが提供されており、各開発ベンダーが定期購買アプリを提供

しています。アプリによって機能が異なるので、注意が必要です。

　また、機能部分はカスタマイズできませんが、見た目の部分はカスタマイズ可能なアプリが多く、その場合はLiquidの編集が必要ですが、購入に関わる部分なのでパートナーに任せるのがオススメです。

定期購買

- https://apps.shopify.com/huckleberry-subscription?locale=ja
- 日本語対応の定期購買アプリ。1300店舗以上の日本のストアインストールがあり、カスタマーサポートも日本語で安心。会員ランクと連動した割引やネクストエンジン等との外部連携。LINEのCRMアプリ等との連携など、海外アプリにない日本ローカルの連携と対応が魅力

日本初の「定期購買」アプリを共同開発・運営

「定期購買」アプリは、Shopifyアプリマーケットに参入しようとしていたフィードフォースが、筆者の経営する会社ハックルベリーと提携して誕生したものです。

　開発・PR・マーケティングをハックルベリーが、インサイドセールス・カスタマーサポート・営業をフィードフォースが担当するという座組みで立ち上がり、日本初の定期購買アプリとして2021年2月にリリースされて以来、後4ヶ月で累計インストールが1,200を突破。今なお伸び続けています。

　定期購買というさまざまな売り方が求めらるアプリにおいて、開発スピードの担保ときめ細やかなカスタマーサポートやセールスサポートが受けられるアプリとして、日本のShopifyアプリの代表的な事例となっています。

⑤ CRM系のアプリ

CRM（顧客関係管理）に関するカスタマイズもアプリから行えます。

Klaviyo

- https://apps.shopify.com/klaviyo-email-marketing?locale=ja
- 顧客のセグメント、配信のシナリオや自動化が最終的にはShopifyのEメールアプリだと物足りなくなってくることが多い。そのため、Klaviyoを初期から利用することがオススメ。Klaviyoは顧客のタグによって細かいセグメントや、自動でステップメール配信もできる。どのような設計にするか、それをどう実現するかはパートナーに相談しよう

Omnisend

- https://apps.shopify.com/omnisend?locale=ja
- Klaviyoほどの機能がいらない場合は、Omnisendを利用するのもよい

Shopify メール （Shopify Email）

- https://apps.shopify.com/shopify-email?locale=ja
- Shopifyメール機能は少ないですがわかりやすく、費用も安い

ソーシャルPLUS

- https://apps.shopify.com/socialplus?locale=ja
- LINE連携したCRMやメッセージ配信がこれ1つで可能になる。購買データに基づいた出し分けも。セ

キュアなソーシャルログイン機能も導入できて国内でのLINEを
活用したCRMが簡単に導入できる。LINE連携については第7章
P.304も参照

⑥出荷系のアプリ

自社に配送の仕組みがない場合は、OPENLOGIがオススメです。

OPENLOGI

- https://apps.shopify.com/openlogi?locale=ja
- ピッキングから梱包、配送業者への連絡、配送ラ
  ベル印刷など面倒な出荷作業をすべてお任せする
  ことが可能。注文情報もShopifyと自動連携することができる

自社に配送の仕組みやWMS（倉庫管理システム）等がある場合は、以
下の2つのアプリがオススメです。

Japan Order CSV

- https://apps.shopify.com/japan-order-csv?locale=ja
- CSVなどを出力して自動連携するとき、佐川等の
  配送業者に合わせた情報出力さえあればよいとい
  う場合に有効

Matrixify （Excelify）

- https://apps.shopify.com/excel-export-import?locale=ja
- 専用の情報フォーマットがある場合、このアプリ
  によって出力が可能

さらに自動化したい場合は、パートナーにカスタムアプリ開発を依頼することで、自社システムに合わせた自動連携等の対応も可能です。

　このように、アプリの特徴を把握すれば、Shopifyエキスパートに頼らなくても自社で自社のサイトをよりよくすることは可能です。ただし、以下の点に気をつけましょう。

✓ アプリ活用の落とし穴

　アプリを活用することの落とし穴として、第一にサイトのスピードが落ちることが挙げられます。たとえば、アプリの種類や数によって変わりますが、読み込みに2秒前後の差が出てしまうこともあります。

　スピードを改善しようとすると、アプリを削除し、ストアのフロントに機能を実装するなどの必要が出てきます。そのあたりの改善策について、エキスパートに頼ることをオススメします。

　また、アプリ同士が競合してしまう可能性もあります。同じLiquidファイルに干渉するアプリを入れてしまった場合、それらが競合してしまい、正常に作動しないおそれがあります。その場合はコードを書き換えてあげるか、どちらかのアプリを削除する必要があります。

　そのほか、どのアプリを利用するのが適切なのか選定するにも、多少のコツが必要です。たとえばチャットボットを導入しても、対応できるスタッフがいなければユーザーの期待を裏切ることとなり、逆効果になってしまいます。エキスパートに頼めばこの点も安心です。自ストアに適切なアプリを選定してくれます。

　もちろんアプリで実現できないこともあります。たとえば、とある商品を見た人に対して他のオススメ商品を出したいというときに、特定のロジックで出したいとか、または出す順番を調整したいといったレベルの細かい調整は難しいことが多いのです。このあたりもエキスパートに相談すれば解決してくれるでしょう。

✅ APIを活用したカスタマイズ開発

　ShopifyでAPIというと、基本的にはストアフロント側のAPIとアプリで使うバッグエンド側のAPIの2種類があります。ストアフロント側のAPIは顧客の状態や商品のタグごとに表示の出し分けなどが可能です。たとえば、購入したことがある人とない人に対して、表示するポップアップの種類を変更したり、商品に何かしらのラベルをつけたい場合に、その商品情報やコレクション情報、在庫情報などを読み取ってきてラベル分けをすることができます。このようにテーマのデフォルトにはない表現や、アプリの機能にはない表現などを実現することができます。

　バックエンド側の API に関しては、ほぼすべてのデータに対してアクセスができるので、やりたいと思ったことはほぼ9割方実現することが可能です。たとえば、顧客情報や顧客の注文情報をShopifyのAPI から参照してきて、自社の会計システムと紐づけて経営管理をするなどの手法も可能となります。

✅ デザインテーマを利用したカスタマイズ

　基本的にデザインテーマをカスタマイズするときは、Shopify全体の仕組みについてしっかりと知識を持った人に頼むようにしましょう。Shopifyをあまり知らない実装者がコーディングをすると、Liquidを直接いじってしまうことがあるため、たとえばあとからバナーだけを変更したいときも、わざわざLiquidから調整する必要が出てきてしまいます。つまり、少しの調整でも毎回エンジニアに依頼する必要が出てきてしまうのです。運用のスピード感が落ちるだけでなくコストも上がってしまいます。エキスパートがカスタマイズをしてくれるときはそのコーディング自体をセクション化してくれるので、あとからノーコードでそれぞれのパーツなどを変更することが可

能になります。

　元々のテーマにまったくない構成のデザインを実装する場合、一番シンプルなのがShopifyにデフォルトで用意されているDebutというテーマを改修していく方法です。ある店舗では実装自体は完了しましたが、1つもコーディング自体をパッケージ化していなかったため、文字を1つ変更するだけでもLiquidから調整する必要があり、非常に時間がかかってしまった……という事態が発生したことがあります。

　繰り返しになりますが、カスタマイズはShopifyに精通しているエキスパートに依頼するようにしましょう。

⊘ プライベートアプリについて保守運用の落とし穴

　ShopifyのAPIを使えば、ほぼすべてのことができるといっても過言ではありません。さらにShopifyで構築したストア自体は、Shopifyの裏側にあるクラウドサーバーが稼働自体を99%以上担保してくれています。プライベートアプリを利用しようとすると、自社でサーバーを立てる必要が出てきます。そのため、運用するためにサーバーの維持費やセキュリティの保守費など、インフラ環境の維持補修費が半永久的にかかってきます。つまり、「開発して終わり」というわけにはいかないということです。

　さらに、たとえばShopifyのAPIのアップデートなどが発生すると、それに伴ってさらに開発をしたり修正をしたりする必要が出てきてしまいます。

　また、プライベートアプリをあまり経験のないアプリ開発会社に依頼してしまうと、Shopifyの最新情報を持っていなかったりするため、クライアント側に適切な提案ができなかったり、引用自体が取れなかったりする可能性が高いです。コストも時間も余分にかかってしまうため、信頼できるエキスパートに依頼するようにしましょう。

よりよいチーム構築のために

Shopify流
最適な依頼の仕方

最後に、Shopifyの特徴を理解した上で、そもそも仕事上のパートナーとは何かという根本的なところから、最適な協業相手と出会うための考え方をお伝えします。

✓ はじめに

　そもそも仕事をしていく上でのパートナーとは何なのか。ECは、よく言われるように総合格闘技です。やらなければいけないことは本当にさまざまあり、そのなかで当然トラブルは発生していきます。

　多々起こりうるトラブルのなかでもどんなトラブルだったら許容してもいいのか、またどんなトラブルは見過ごすべきではないのかなど、リスク許容度やコミュニケーションの頻度がすり合っている、ないしはすり合わせるためにしっかりとしたコミュニケーションができるパートナーを選定する必要があります。

✓ 依頼する前に

　まず大前提として、社内にECの運用担当者を作りましょう。発注管理などは個人情報も含まれていますし、顧客からの直接のフィードバックというのは、事業を運営している会社が直接受け取るべきです。なぜなら、そこで気づきを得て商品開発や運用体制にフィードバックや改善をしていき、顧客体験を上げることができるからです。その部分をパートナーや外注依存してしまうと、適切にPDCAサイクルを回すことができなくなってしまいます。

　また、自社の運用担当者は、事業の構築後ではなく構築前からアサインするようにしましょう。もちろん、技術的な開発の部分に関して

は、パートナーのエンジニアに依頼する必要がありますが、そのなかでの設定作業や運用業務などは、パートナーからアドバイスを受けながらその実運用担当者がやるという体制にしたほうがいいでしょう。なぜなら、そのあたりの初期設定をすべてパートナーに丸投げすると、いざ運用が始まるときにだいたいの会社で社内に理解している人材がおらず、混乱してしまうからです。どこで設定を行ったらいいのか、どこで変更をしたらいいのかがよくわからず、混乱してしまう会社がかなり多いのです。そのため構築段階から運用担当者に関わってもらう必要があるでしょう。

　また、運用の業務フロー自体は会社の体制に依存することが多いです。たとえば、商品開発を1人の担当者がディレクターとして一手に背負い込んでいるのか、PRは他の人が担当しているのか、配送周りは誰がやっているのか、カスタマーサポートは誰が担当になっているのか。このあたりは、社内の体制によってそれぞれ異なります。そのため、必要な業務の洗い出し、そのフローを確立しておく必要があります。

　そのような細かい運用体制に関しては、公認パートナーからもアドバイスをすることができますが、最終的には社内で整理をしておき、その上でShopifyからどのようなデータが必要なのか、どのようなシステムを構築する必要があるのかという部分に関して、公認パートナーからアドバイスを受けるのが最もよいでしょう。そのさいShopifyエキスパートであれば、会社の規模や体制に応じて適切なアドバイスをしてくれます。

✅ リリース後のサポート体制も重要

　売上などが増えてくると、当然運用業務、いわゆるカスタマーサポートやフルフィルメントなどの業務負荷が増加し、そこをどう効率化するかという問題が出てきます。それに加えて集客周りの問題が出

てきます。ある程度数値が伸びてきたときに、どうやって商品のアップセルを行うのかという戦略をきちんと考えてくれるパートナーがいたほうがよいでしょう。

そうした課題を広告代理店などに相談してしまうと、「まずは広告を打ちましょう」という話に安易に落ち着きがちです。しかし、本来はSNSなどを運用して顧客とコミュニケーションを取るべきなのか、またはサイト自体をブラッシュアップしたほうがいいのかなど、ほかにもさまざまな解決方法や改善方法があります。集客に関する知識があまりないのであれば、そのあたりを包括的にサポートしてくれるパートナーが必要になります。

✅ 運用イメージをすり合わせる

① 自社に足りないファンクションは何か？

Shopifyエキスパートを含めた外部のパートナーと仕事をしていくときに、「これが正解」という型はありません。肝心なのは「自社に足りない部分を補ってくれるファンクションを持つパートナーはどこか？」というところです。

自社が、仕入れや物流に強みがあればマーケティングに強いパートナーが最適かもしれません。集客も商品力もあるが、システム担当がいない、という場合であればシステムに強い会社かもしれません。

② お互いの許容リスクはすり合っているか？

ここも大事な要素の1つです。ECのサイト構築からリリースまで、またリリース後の運用においてトラブルはつきものです。当然、多くのベンダーはトラブルがないように最大限努力しますが、それでも起こるのがECのトラブルです。それが起こったさいに、どこまでのリ

スクやトラブルは許容してともに前を向けるのか、という「リスク許容度」をお互いに確認する必要があり、この目線が合っているパートナーを選ぶことも大事です。

③目的に向かって共通のプロジェクトを行うという認識はできているか？

　上記2点に通ずるものもありますが、大きくは「ECで顧客満足度を上げ、売上を最大化する」というような目標に、自社内もパートナーだという立場を超えて、お互いに共通の目的を持ったプロジェクトとして捉えて向かい合えているか、ということが最も大事です。
　そのようなShopifyエキスパートに出会えれば、EC事業の成功活率はぐっと上がりますので（とはいえ、おんぶに抱っこではダメです。あくまでパートナーですから）、頑張っていろいろな事業者とお会いされて、よい出会いを見つけられることを願います。

Chapter

7

最上位プラン
Shopify Plus の
活用

Shopify Plus とは

エンタープライズ向けのShopify Plusは、Shopifyをさらに便利に使うための最上位プランです。ここでは、本プランの特徴とおもな機能についてご紹介します。

✓ あまり知られていないShopifyの最上位プラン

通常のプラン

- ベーシック（月額＄29）：ECを始めたばかりで対面販売も不定期に行うビジネスに。小規模な事業者や個人ストアにオススメ
- スタンダード（月額＄79）：オンラインまたは実店舗で販売を行う成長中のビジネスに。中規模な事業者や売上が増えてきた方にオススメ
- プレミアム（月額＄299）：より詳細なレポート機能を必要とする拡大中のビジネスに。大規模なチームをお持ちの事業者にオススメ

※出典：「Shopifyの料金プラン」（https://www.shopify.jp/pricing）

　Shopifyでは通常、上記3プランが知られ、多くの方に利用されています。実はこれ以外にも、大量販売を行うマーチャントを対象とした **Shopify Plus という、月額＄2,000**（一定売上以上で変動）**のエンタープライズプラン**が存在します。

　Shopify Plus は、従来の機能はそのままに、追加APIの開放、専用アプリが利用可能、各種制限値の上限アップなど、さらに便利な機能が備わっています。

　この最上位プランがあまり知られていないのは、次のような理由か

らです。

あまり知られてない理由

- 月額費用がプレミアムプランより大幅に上がること
- まだ日本での活用事例も少なく、情報が限られていること
- 対応できるパートナーが少ないこと
- しっかり利用できるマーチャントが少ないこと

しかし、カスタマイズが必要な大規模開発、専用サーバーの利用、複数店舗展開を行いたいといった、**Shopifyをより隅々まで、高度に活用できるマーチャントにとっては、ビジネスを加速させ、運用スタッフの負荷軽減も望める、非常に魅力的なプラン**になっています。

✓ Shopify Plusのおもな機能とその特徴

Shopify Plusでのみ利用可能な機能は次のように多くあります。おもな機能とその特徴について、図表70-1にまとめましたのでご参考にしてみてください。

図表70-1 Shopify Plusのおもな機能

機能	特徴
専用APIの呼び出しとAPIの高速化	Multipassでのシングルサインオンなど、専用APIが利用可能 ● ギフトカード：コンビニで売っているAmazonギフト券のようなギフトカード操作API ● Multipass：別システムとのシングルサインオン用API ● ユーザー：管理画面スタッフの情報取得API
Shopify Flow	購買行動にもとづいたユーザーのタグづけなど、ストア内のさまざまなタスクを自動化。アクションの自動化が行える

機能	特徴
複数通貨への対応	複数の国で商品を販売する場合、GeoIP を利用することでグローバル IP アドレスからユーザーの座標や国名、都市名を取得することが可能。たとえば商品販売のさい、海外ユーザーに対して四捨五入のルールの設定を行うことも可能に
Launchpad	専用アプリ「Launchpad」を使うことによって、通常の Shopify のプランではできなかった詳細な予約公開や変更が可能。たとえば、バナー変更や商品価格の変更予約など
Shopify Scripts Editor	任意の条件の割引やプロモーションを行うスクリプトを利用可能に
卸売ストア・B2B ストアの開設	「Wholesale Channel」にて、卸売事業者向けに販売できる
Transporter	「Transporter」というアプリを使うことで、既存ストアから顧客・製品・注文のレコードを Shopify のストアにインポートできる
Google タグマネージャーの利用	オンラインストア上で Google タグマネージャーの利用が可能
Shopify Plus 仕様のサイト追加	追加料金なしで Shopify Plus と同仕様のストアを追加で 9 サイト、最大合計で 10 サイトまで開設できる
チェックアウトページのカスタマイズ※	チェックアウト（購入フロー）ページのソースコードが編集可能となり、購入体験のカスタマイズが可能に
専任サポート	「マーチャントサクセスマネージャー」と呼ばれる専任サポート担当者がつく。Shopify Plus でビジネスを成長するためのサポートをしてくれる
登録ロケーション数	在庫の保管先である「ロケーション」の登録数が 20 箇所まで設定可能に。ベーシックでは 3、スタンダードでは 5、プレミアムでは 8 つまで
無制限のスタッフ	管理画面へのログインできるスタッフの数が無制限になる
アプリ単位での権限設定	通常のスタッフ権限管理では、おもに管理画面のメニューレベルのアクセス制御だったが、Shopify Plus では導入したアプリ単位でのアクセス制御も可能となる

※：2021年6月に開催された Shopify Unite で、今後 Shopify Plus 以外のプランでもチェックアウト画面のカスタマイズができる可能性が示唆されたため、将来的には Plus プランでなくても利用できるようになる可能性がある

ほとんど知られていない Shopify Plus 最大の強み

Shopify Plusを利用すれば、前セクションで紹介したような充実した機能が利用できるようになります。ここでは特に、構築や運用で役立つ機能をご紹介していきます。

✅ 標準機能そのものが業務効率化に

一言で言うなら「**工夫して実現するしかなかったことが、安定性のある標準機能として利用できる**」ことがShopify Plusの強みだと言えるでしょう。Shopify Plusで使える数々の機能は、かゆいところに手が届くような機能が多く、うまく活用すると大きな業務効率化が期待できます。

たとえば、Script Editorで特定商品購入の場合に配送料を上乗せることも可能です。通常プランではアプリを導入して配送料を設定する必要がありましたが、必要最低限の処理を直接書けるので、使う予定のない高機能なアプリを導入しなくて済みます。また、アプリを導入しないことで速度遅延の可能性を抑えるメリットもあります。アプリを多数導入していくとどうしてもストア表示が遅くなってしまい、それを課題としているマーチャントも多いので、これは非常に重要なポイントです。

つまり、Shopify Plusで当たり前に使える機能（標準機能）そのものが、業務効率化に大きく影響するわけです。

しかし、Shopify Plusの情報は非常に少ないため、導入を検討されているマーチャントでも手がかりを見つけることが困難かもしれません。その理由としては、導入事例が少ない、対応できるパートナーが少ないことがありますが、ほかにもShopify Plusになるとブランドそ

れぞれで独自の組みかたをすることもあり、外部情報として提供できない背景もあるかと思います。

✓ 構築・運用に有効な機能

どんなことがどのように便利になるのかを知っていたほうが検討しやすいと思いますので、いくつか事例をご紹介いたします。

顧客データにタグをつける

「ReConvert Upsell & Cross Sell」というアプリが別途必要になりますが、誕生日情報を顧客タグに付与することができます。顧客データにタグをつけておくと、管理画面上で絞り込みグループ分けができ、メルマガ系アプリはそのグループを対象に送信するので活用しやすいデータになるでしょう。

アプリ情報

- ReConvert Upsell & Cross Sell
- https://apps.shopify.com/reconvert-upsell-cross-sell?locale=ja

チェックアウトの編集

チェックアウトフローの改編が可能になります。ただし、ストアフロントとは完全に別のHTML構造となること、動的要素を編集しづらい構造となっており、編集をするとマーチャント自身で機能アップデートがあったら対応しければならないため、注意が必要です（図表71-1）。

図表71-1 チェックアウトフローの編集が可能に

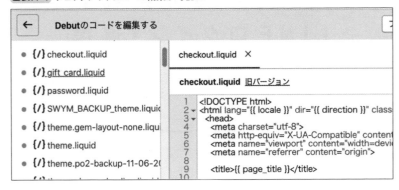

データ移行の時間が大幅に短縮できる

「Transporter」アプリで高速データ取り込みが可能になります。標準のデータ取り込み機能では、1,000件程度ずつに分けて取り込んだほうがエラーを抑制できてよいとされていますが、Transporterでは大量件数の一括取り込みも可能です。取り込み時間以外にも、データを分割して作成する手間も抑えられるでしょう。

アプリ情報

- Transporter
- https://apps.shopify.com/transporter?locale=ja

チェックアウトでの割引処理

Shopify Script Editorでチェックアウトの割引処理を書くことができます。プログラムの知識が必要になるので高度な機能ですが、同等のパブリックアプリは必要以上に多くの機能があるため、必要最小限の処理を実装するのに向いています。

Multipassで実現する LINEログイン・連携

Multipassを使ったシングルサインオンで、統合IDでログインし顧客体験を高めることができます。LINEログインを導入すれば、LINEでの訴求も可能になります。

✓ Multipassとは

Multipass（マルチパス）とは簡単に説明すると、**メールアドレスをキーとしたユーザー連携機能**です。

Multipassログインは、別のWebサイトとShopifyストアを所有しているブランド向けです。

ユーザーをWebサイトからShopifyストアにリダイレクトし、元のWebサイトへのサインアップに使用したのと同じ電子メールアドレスを使用して、シームレスにログインします。そのメールアドレスを持つアカウントがまだ存在しない場合は、アカウントが作成されます。顧客データベースを同期する必要はありません。

「Multipass API」を使ってシングルサインオンさせることができます。**シングルサインオン (SSO ; Single Sign On)** とは、1つのIDとパスワードにより、ドメイン（やシステム、データベース）の異なる複数のWebサービスにログインする仕組みのことを言います（図表72-1）。Yahoo! JAPAN IDのログインやLINEログインのような汎用的なものから、企業専用の統合IDもSSOの仕組みです。Shopifyが提供している仕組みであるため、セキュアに接続できること、また接続用の処理プログラムの書き方も公式より提供されている点がメリットです。ユースケースとしては、大きく2つに分類できます。

ユースケース

① LINEログインなど認知度の高いSNSアカウントを用いたログ
　イン認証
② 企業専用統合ID基盤を用いたログイン認証

図表72-1 Shopify PlusとSSOの連携

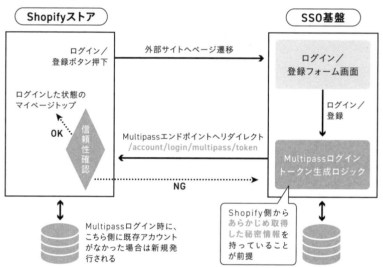

出典：Koji Jimba「Shopify PlusでSSO（シングルサインオン）」（https://qiita.com/djjimba/items/4946c73742728003e5f5）を引用
して作図

☑ Multipass の 使 用 例

　Multipass は API を使用した開発を伴いますが、アプリで利用され
ている事例もあります。LINEログイン機能や購入履歴等に応じた
メッセージ配信を導入できる Shopify アプリ「ソーシャルPLUS」を
ご紹介します。もともと Shopify Plus 専用アプリでしたが、2021年
7月より全プランで利用できる新プランが発表されています。図表

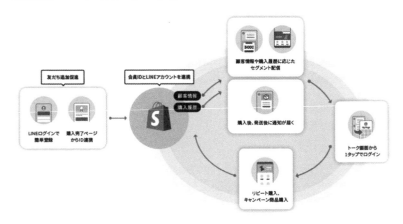

出典：ソーシャルPLUS「ShopifyとLINEを連携したCRMを実現するShopifyアプリ『ソーシャルPLUS』」（https://socialplus.jp/shopify_app/）より引用

72-2は新プラン発表時のものですが、ShopifyとLINE連携の仕組みがよくわかるものとなっています。

LINEログインで会員登録・友だち追加・ID連携

顧客は使い慣れたLINEアカウントで簡単に会員登録・ログインできます。

購入後、メッセージが届く

初回購入やキャンペーン商品購入など、特定の顧客に向けてLINEでメッセージを配信できます。

リッチメニューから再訪問・リピート購入

顧客はセグメント配信されたメッセージやリッチメニューから、1タップでログインできます。

Shopify Flow を使った 業務の自動化

> 処理自動化ノーコードアプリ「Flow」を使って、手作業を減らしたり、顧客体験をよくするためのデータ処理が可能になります。テンプレートが多数あるので、イチから作る必要はありません。

✓ Shopify Flowとは

「Shopify Flow」（以下、Flow）は、Shopify Plusでのみ利用できるShopify純正アプリです。ストア内やさまざまなアプリ間での手動のタスクや処理を自動化できるようになります。

販売部門の業務フローの自動化に強い印象で、特定のアプリとのインテグレーションも可能なので、カスタマーサポートにも利用できたり、マーケティング向けのいわゆるMA（Marketing Automation）のような動きもできます。また、倉庫などの連携はWMSなどに受け口があれば、HTTPを介した受注情報の連携もできます。

Flowは事前に設定したECサイト上での行動をトリガーに、さまざまなアクションを自動で行ってくれるツールです。自動化を行うことにより、**事務的な作業工数を削減することができる**ため、サイト運営者はよりクリエイティブな業務に時間を費やすことができる、といったメリットが挙げられます。

Shopify Flowには以下のように、**100種類近い自動化のテンプレート**があります。

すぐに使用できるテンプレートのライブラリーから選択するか、画面上でドラッグ＆ドロップと設定から簡単に処理をカスタマイズできる「ビジュアルビルダー」を使用できます。Flowに作業を任せると、短時間でより多くの作業を行えます。

Flowと連携するアプリ

Algolia、Asana、Back in Stock、Bond、Bronto、Bulk Discounts、Callback、Covet.pics、dotdigital、Edit Order、GiftWizard、Google Sheets、Gorgias、In Stock Alerts、Klaviyo、Loox、LoyaltyLion、Nosto、NS8 Protect、Persosa、予約注文マネージャー、Smile.io、SMS Bump、Stamped Reviews、Swell Rewards、Tapcart、Tobi、Trello、卸売チャネル、Yotpo

✓ 想定できるユースケース

ユースケースとしては、たとえば、下記が考えられます。

- 特定の条件を達成した顧客をセグメント化（タグ付け）し、セグメント化された顧客に対して他のマーケティングアプリ（たとえば、Klaviyo）でメールを送信する
- 支払いが完了した受注を、HTTPを介してWMSに連携（WMS側のAPIにも依存します）
- 商品の在庫が少なくなったとき、倉庫や担当者へメールを送信する

　そのほか、下記のようなことがShopify公式のユースケースとして挙げられています。

- ロイヤルカスタマーにタグづけする
- リスクの高い注文をキャンセルする
- 決済を確定する前にリスクの高い注文にフラグを立てる
- 緊急の注文についてフルフィルメントまたは物流チームに通知する

- 在庫レベルが低くなったときに再注文リクエストを送信する
- タイトルまたはSKUに基づいて商品を特定してタグを追加する

Shopify公式にも例が記載されているので、併せてご覧ください。

Shopify ヘルプセンター

- Shopify Flowワークフローの例
- https://help.shopify.com/ja/manual/shopify-plus/ flow/examples

 Flow の使用例

ワークフロー

　ワークフローとはトリガー、条件、アクションから成る自動化したい一連の流れを指します。Shopify Flowではいくつものワークフローを作成し処理の自動化が可能です。

トリガー

　注文を作成したりアプリにお客様を追加したりするなどの、ストアやアプリで実行されるイベント（きっかけ）のことです。Shopifyでは下記のようなトリガーがあります。

- 顧客作成時（Customer created）
- 下書き注文作成時（Draft order created）
- 在庫数変更時（Inventory quantity changed）
- 注文作成時（Order created）
- 注文発送済変更時（Order fulfilled）

- 注文支払い時（Order paid）
- 注文不正検知時（Order risk analyzed）
- 商品追加時（Product added to store）
- 返金時（Refund created）

条件

　トリガーに対して、アクションを起こすかの判断基準です。これを利用することにより、特定の条件が満たされる場合にのみアクションを実行することができます。

アクション

　Shopifyストアやアプリのオブジェクトへの変更を行うことができるタスクのことです。

✓ Shopify Flowアプリによる自動顧客ランクタグ設定

　ここでは、顧客ごとの合計購入回数による顧客ランクタグ自動設定処理のワークフローを例としてご紹介します。この処理では顧客ごとの合計購入回数でのランク分けで判定していますが、顧客ごとの合計金額でのランク分けもできるので、その後のマーケティングにも使いやすいデータになるでしょう。

　図表73-1では、次のように設定されています。

- 6回以上購入の顧客は注文時Gold VIPタグをつけ、Silver VIP/Bronze VIPタグを外す
- 4回以上購入の顧客は注文時Silver VIPタグをつけ、Bronze VIPタグを外す
- 2回以上購入の顧客は注文時Bronze VIPタグをつける

言語・通貨の異なるサイトを1アカウントで複数構築する

Shopify Plusでは、追加料金なしに同機能を有したストアを複数作れます。1ストア内だと無理な構造になるものも、別ストアとして作ることで、言語や通貨が異なる顧客に同様の体験を提供できます。

✓ 10ストアまで展開可能

　Shopify Plusではメインで立ち上げたストアのほかに、追加料金なしでShopify Plus仕様のストアを9つ立ち上げることができます。たとえば、メインの国内ECサイトに加えて、次のような組み合わせが可能となります。

- 国内向けBtoBの卸売ストア
- 海外向けのストアとして立ち上げ

  ※上記は同一のブランドに限り利用可能となります

　このうち、国内向けBtoBの卸売ストアは、Wholesale Channel（卸売チャネル）も存在しますが、デザインが編集できないなど、メインストアの補助的な意味合いが強いため、独自のBtoBを展開したい場合に有効です。

✓ 組織の管理画面から行う

　2つ目以降の別ストアの管理は、それらのストアを運営する組織の管理画面から行います（図表74-1）。この組織管理メニューへアクセス権が付与されたユーザーは、組織内の複数のストアで、ユーザー、ストア、Shopifyのワークフローに影響するアクションを実行できま

す。なお、権限のあるユーザーがストアにアクセスすると、通常のメニューの左に専用メニューバーが表示されるようになります。

　この管理メニューには、組織をより効率的に管理するのに役立つ、さまざまな機能が含まれています（図表74-2）。

図表74-1 組織管理メニュー

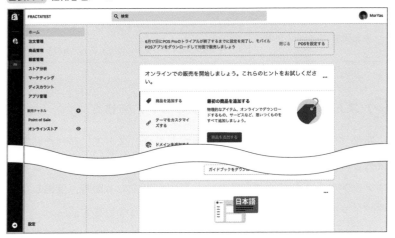

図表74-2 組織管理メニューの便利機能

機能	説明
ストア分析の概要	● 組織全体の販売合計と注文を表示する ● 特定のストアの販売合計と注文を表示する ● 特定のストアのパフォーマンスに関するストア分析にアクセスする
Shopify Flow の管理	● 新しいワークフローを構築する ● ワークフローを確認して編集する ● Flow アプリをインストールせずに、ストアのワークフローを有効にする ● ストア間でワークフローを直接コピーする

機能	説明
ユーザー管理	● 新しいユーザーを組織に追加する ● ユーザーを一括で再有効化、一時停止、削除する ● 組織レベルの機能へのアクセスを割り当てたり削除したりする ● ストアレベルのアクセス権と権限を管理する ● 組織レベルのアクセス権とストアレベルの権限を組み合わせて役割を作成し、ユーザーに役割を割り当てる ● 2段階認証を実行する
ストアマネージメント	● 組織内のすべてのストアを表示し、ストアにアクセスする ● タイプまたはステータスによってストアを絞り込む

✓ ストアの展開例：国外向けのストアを作る

　通常プランで多言語・通貨を実現する場合、ストアに訪れた顧客が選択した言語・通貨になります。この場合、ストア構造はそのままにコンテンツを入れ替えているため、無理が出てくる箇所、意図しないデザイン表現になってしまう箇所がでてきてしまいます。

　Shopify Plusでは、組織管理で立ち上げた別ストアを完全に海外向けサイトとして利用することができます。

　そもそも国内と国外では、表現の仕方も購買方法もまったく異なるため、現地の言語・通貨にあった内容でストアを用意したほうが、顧客体験の品質も上がるでしょう。ストア運用面でも、配送方法、支払い方法の違いをそれぞれシンプルに設定することができるため、運用しやすい構成となるでしょう。

　たとえば、次のような手順で海外ストアを構築することも可能です。

① 国内ストアを構築

　メインストアとして、Shopify Plusでストア構築を行います。このとき、翻訳アプリや通貨設定は行わず、国内のみで販売する仕様とし

て構築していきます。

② 海外ストアを構築

組織管理メニューで新たなストアを海外用として立ち上げます。国内ストアを丸ごと複製することはできないので、必要な情報の移行を行います。

移行するデータ

- Shopifyの設定：通貨・配送・言語以外の箇所
- 商品情報
- テーマ：国内ストアでエクスポート、海外ストアにインポート
- アプリの設定：国内ストアのアプリ設定を見ながら、手動で設定する必要あり

普通に国内ストアを構築するだけでもかなりの予算・期間を要する上、海外使用まで含めて考えると複雑になりすぎて手に負えない、といった状況になることも考えられます。着実に1つずつクリアしていく方式をご検討ください。

Launchpadでイベントの公開・開始を自動化する

セールやイベントの切り替え設定を簡単にできるLaunchpad。時間になったら自動切替できるので、人為的な対応ミスをする心配もありません。

⊘ Launchpadとは

「Launchpad」はShopify Plusでのみ利用できるShopify純正アプリで、**時間設定したイベントをスケジュール実行**できます。たとえば、設定した開始時刻と終了時刻で、商品の公開、Shopifyスクリプト、テーマ、ディスカウントなどをスケジュールできます。

Launchpadを使用すると、次のようなイベントタスクを自動化できます。

自動化するイベントの例

- イベントの開始時と終了時に商品の価格を変更する
- 選択した商品を販売チャネルに公開し、選択した日時にリリースする
- イベント開始時に在庫を増やす
- カスタマイズした別のテーマをスケジューリングして切り替える
- Shopifyスクリプトで、項目スクリプトと配送スクリプトを作成、スケジューリングし、チェックアウト時に価格の変更とディスカウントの付与を行う
- イベントの開始前に設定された時間中、オンラインストアをパスワードで保護し、宣伝効果と期待を高める
- イベントの成功に関するデータを収集する

⊘ Launchpadの使用例

　Shopifyには多くの機能がありますが、自動開始・自動終了は実は
それほど機能が備わっておらず、どうしてもアプリ頼みになってしま
います。その点、LaunchpadはShopify純正アプリでイベント設定が
可能となるので、ブランドの現場では実際にある「真夜中に公開・終
了の作業を人力で行う」手間が省けるようになります。

　ここでは、実は標準機能では実現できない、商品のディスカウント
の開始と公開終了の設定を見てみましょう（図表75-1）。

図表75-1 商品の公開終了をスケジューリングする

　図中の設定は、コレクションのうち2つの商品を、それぞれ10%、
20%でディスカウントし、同じ日にイベントを開始・終了するという
スケジューリング例です。イベントの終了日を「11：59：PM」と真
夜中に設定しているため、人力作業の手間を省くことができます。

Shopify Scripts Editor で 購入時の特別処理を記述する

カート、配送、決済などの購入体験に関わる重要箇所へ処理を加えることができるShopify Scripts Editor。チェックアウト画面を直接編集するよりも、安全に処理を行うことができるでしょう。

✓ Shopify Scripts Editorとは

「Shopify Scripts Editor」は、Shopify Plusでのみ利用できるShopify純正アプリで、**購入時の特別処理をプログラム言語のRubyで記述できる**アプリです。項目、配送、決済のスクリプトを使用して、お客様のチェックアウトの過程でユーザーエクスペリエンスを向上させることができます。

　具体的には、ストアのチェックアウトでScript Editorアプリを使用して、スクリプトを有効にします。アプリはShopifyのサーバーで作成したスクリプトをホストするため、外部サービスのアプリや外づけでホストされるプラグインを必要とせずに、カートとチェックアウトに基本的なレベルで影響を与えることができます。

　Shopifyスクリプトには3つの異なるタイプがあります。

① 項目スクリプト

　カート内の項目に作用し、価格の変更やディスカウントの付与を実行できます。

　カートおよび、またはチェックアウトでディスカウント金額やメッセージを表示するには、テーマの変更が必要になる場合があります。次のような使用例が想定されます。

- 割合（%）か固定（ドル）によるディスカウント、あるいは両方の組み合わせ
- シンプルまたは複雑なロジックを使用したBOGOディスカウント（BOGO：1つ購入すると1つ無料）

②配送スクリプト

配送方法の名前の変更、表示、非表示、または再注文することができ、配送料金のディスカウントを提供できます。次のような使用例が想定されます。

- 配送方法の名前および価格の変更、非表示、または再注文
- VIPまたはサブスクリプションのお客様に対する送料無料

③決済スクリプト

決済サービスの名前の変更、表示、非表示、再注文することができます。次のような使用例が想定されます。

- 決済サービスの変更、非表示、または再注文
- デフォルトの決済方法の自動選択

テンプレートにもとづいてShopifyスクリプトを記述する、ドキュメントに従って独自のスクリプトを構築して開始します。

⊘ Shopify Scripts Editorの使用例

ここでは、例として特定の商品のゲートウェイ（支払い方法）を非表示にする方法をご紹介します（図表76-1）。

図表76-1　支払い方法を非表示にする

指定した商品が購入された場合、支払い方法指定のさいに特定の支払い方法（代金引換）が非表示になる

　公式ドキュメントには、そのまま利用できるスクリプト例があるので、そちらを利用します。

スクリプト例

- 特定の商品のサービスを非表示にする
- https://help.shopify.com/ja/manual/checkout-settings/script-editor/examples/payment-gateway-scripts#part-d7bc09e4eb450c78

　Shopifyの管理画面から［アプリ管理］→［Script Editor］→［Create script］→［Payment gateways］→［Blank template］を選択してスクリプトを作成します。［Title］に管理用名称をつけ、［Code］をクリックして表示されるスクリプト入力欄に、先程のスクリプト例「特定の商品のサービスを非表示にする」のコードを丸ごとコピー＆ペーストします。

　非表示対象として、下記コードの設定値product_selectorsに商品ID（図表76-2）、gateway_namesに非表示にしたい支払い方法を設定します。

```
HIDE_GATEWAY_FOR_PRODUCT = [
  {
    product_selector_match_type: :include,
    product_selector_type: :product_id,
    product_selectors: [6559983599713],
    gateway_match_type: :exact,
    gateway_names: ["Cash on Delivery（COD）"],
  },
]
```

　この例では、6559983599713の商品に対し、Cash on Delivery（COD）
＝代引きを非表示設定しています。複数指定する場合は、カンマ区切
りで[6559983599713, 6559983599714]、["Cash on Delivery（COD）","支
払い方法の名前"]のように記述します。

　［Save and publish］をクリックすると適用されます。

図表76-2 商品IDの調べ方

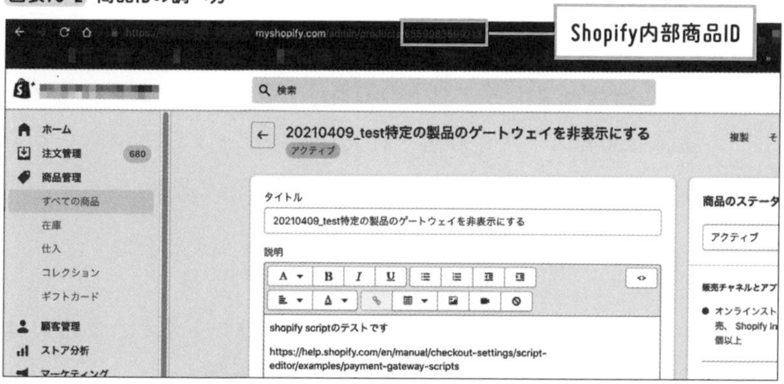

商品管理の編集ページURLの数値で表記されている部分が商品ID

Wholesale Channelで卸売ストアを開設する

Wholesale Channelで卸売事業者向けストアを作ることができます。見た目を整えるなら別途B2Bストア作成を推奨しますが、価格表などの標準機能を使えば、ストアの雛形はすぐに作成できます。

✓ Wholesale Channelとは

「Wholesale Channel（ホールセール チャネル）」とは、卸売事業者向けに商品を販売する、卸売ストアを開設できる機能です。より正確には、**ユーザーに応じて表示する商品の値段を変えることができる機能**のことです。このチャネルでは、顧客ごとにパスワードがかかっており、招待された事業者のみがアクセスすることができます。また、事業者ごとに最低注文数を設定したり、価格を調整したり、顧客へ通常購入させず請求書メール対応することも可能になっています。

独立したストアフロント

卸売ストアには、従来のオンラインストアとは別のデザインが備わっており、デザインレイアウトの編集はできません。オンラインストアの顧客と卸売ストアの顧客・注文などのデータ形式は同じですが、入り口が異なるイメージです（図表77-1）。

卸売価格表（Price lists）

定価から30%引きのように割合でディスカウントする、あるいは個々に設定されたディスカウント価格の価格表を作成することができます。ディスカウント価格の設定では卸売価格、注文あたりの最小単位・最大単位、インクリメント（商品を倍数で注文する値）などを設定で

図表77-1 卸売ストアのフロント

きます。作成した価格表に顧客タグを設定し、顧客管理のユーザーに
対してその顧客タグを設定すれば、価格表にもとづいた購入が可能と
なります。

卸売の顧客 (Customers)

　価格表と紐づけた顧客が一覧表示されます。一括処理として、招待
メール送信、招待の承認否認、有効無効切り替え、卸売チェックアウ
トの有効無効切り替え、Wholesale Channel から顧客削除などが行え
ます。

卸売のページ管理 (Pages)

　オンラインストアのページ管理と同じようにページの作成ができま
す。ただし、通常ページのようにテンプレートを変更することはでき
ず、シンプルなページを作成する機能です。お問い合わせ項目は、オ
ンにすると自動的にフォームが配置されます。お問い合わせ入力項目
の編集はできません。

卸売のメニュー（Navigation）

オンラインストアのメニューと同じようにメニューの設定ができます。商品検索の並び順、フィルタで商品タイプ・販売元の条件のオンオフができます。

外観（Appearance）

卸売ストアの外観を編集できますが、ごく一部の設定値のみです。ヘッダーに表示されるロゴ、アクセントの色、ログインとパスワードのリセットページに表示される背景画像の編集ができます。

通知（Notifications）

下書き注文の確認、注文内容更新、キャンセル時のメール自動送信のオンオフが設定できます。

設定（Preferences）

卸売ストアの各種設定変更ができます。卸売ストアのURLは、「https://[Shopifyストアドメイン名].wholesale.shopifyapps.com」ですが、独自ドメインをこの設定画面から設定することもできます。

✓ Wholesale Channelの使用例

たとえばBtoBストアとして利用するケースです。

シャンプーを一般向けに販売しているが、サロン向けに割引価格で販売するケースなどに利用できそうです。

通常のストア側では一般のお客様向けに商品を魅力的に見せる必要があるため、デザインやテキストを仕上げていきます。一方で、卸売ストアでは商品を購入できればよいわけで、必要最低限の設定を行うだけで簡単に開設ができます。

そのほかにも、社販に利用することもできそうです。

　価格表の設定で〇〇％引きの設定をします。さらに、その価格表を適用するための顧客タグを設定します。すると、顧客タグをつけた顧客は割引価格で購入することができます。Shopify Scripts Editorで通常のストア側で自動判定することも可能ですが、プログラム編集のスキルが必要となるため、コードを触らないスタンスのブランドであれば卸売ストアのほうがお手軽に実現できます。

最上位プランShopify Plusの活用

Transporterで既存ストアの顧客データを活用する

Transporterでは高速に大量件数のデータ移行が可能になります。今までの顧客をShopifyに取り込んでLTVを上げていきましょう。

Transporterとは

「Transporter」はShopify Plusでのみ利用できるShopify純正アプリで、**他のシステムからShopifyへデータを移行するアプリ**です。このアプリを使用して、さまざまなデータをShopifyに読み込み、活用することができます。具体的には次のような利点があり、標準CSVインポート機能を使うよりも多くメリットを受けられます。

標準CSVに勝る点

- 顧客、商品、注文、メタフィールドのサポート
- 250MBの推奨ファイルアップロードサイズ
- 標準APIよりも10倍高速に実行
- データを一括削除する機能
- 簡単なトラブルシューティングのためのエラー報告

ただし、いくつか注意事項があるので、次の点もよく確認してから利用しましょう。

使用時の注意事項

- データ量が少なければ無理に使わなくてもよい（多いほうが恩恵はある）

- 注文情報は標準アプリではインポート不可。Transporterアプリ（または外部アプリ）からのみ行うことはできるが、使用時は注意が必要（後述）
- 商品、顧客、注文をインポートする順序は重要。次の順序でインポートする必要がある。①商品→②顧客→③注文
- CSVファイル名でどの種別か判定している

注意点①：注文はインポートしないほうがよい

仕組み上は可能ですが、異なるシステム間でデータの不整合が起きるため、極力注文はインポートしない方針をとるのがオススメです。たとえば、次のようなリスクが伴うことは念頭に置いておきましょう。

- 前提として、Shopify顧客仕様はメールアドレス重複不可、電話番号重複不可
- 旧システムで電話番号が重複許可の場合、顧客インポートで重複分がエラーになる
- Shopifyでは注文と顧客の紐付けにメールアドレスを使うため、注文時に変わっていると他の顧客と紐づく可能性あり
- 顧客データにないメールアドレスの注文データの場合、顧客が自動生成されてしまう
- データマッピングの仕様確定できる人材がブランド内に不可欠

注意点②：上書き更新ができない

Transporterはデータを追加するor削除するアプリなので、「更新」はできません。もし行いたい場合はいったん削除して、はじめから追加する必要があります。

⊘ Transporterの使用例

ここでは、実際の利用方法について、使用手順で解説します。

初回の操作方法

① アプリストアよりTransporterをインストール
② 初回起動時は少し画面表示が違いますが、CSVをアップロードするよう促されるので、ファイルアップロードする

2回目以降の操作方法

アプリ起動すると操作結果一覧が表示されるようになります。

- CSVをアップロードするとバックグラウンド処理になるので、他の画面に遷移しても問題ない（データの不整合を防ぐため、同種のデータ登録・変更・削除は行わないことを推奨）
- インポートを実行すると、［Completed］（完了）、［Failed］（失敗）など［Status］が変化する
- インポートできないデータは［Results］（結果）に、「○○ errors」とエラー件数が表示され、同行の右側のリンク（Export erros）より、エラーデータ行とエラー原因の一覧がダウンロードできる
- CSVをアップロードする場合、アクションを［Action：Create in Shopify］とプルダウンから選択し、［Upload file］をクリックしてCSVをアップロードするとインポートが開始される
- 同様に、アクションを［Action：Delete in Shopify］（Shopifyから削除する）として［Upload file］をクリックしてCSVアップロードすると、一括削除が実行される

Google タグマネージャーを
利用しよう

Google タグマネージャー公式の手法でタグ埋め込みをする場合、Shopify
Plus は最適です。Google タグマネージャーでデータ計測を行い、ストア改
善に役立てましょう。

✓ Google タグマネージャーとは

「Google タグマネージャー」(Google Tag Manager；GTM) とは、Google
が提供するタグマネージメントツールです。複数の計測ツールをまと
めて管理できます。

サイト運営をしていると、アクセス解析のようなタグ埋め込みが
必要なツールを活用する機会は多くなりますが、計測タグを1ページ
ずつページに直接埋め込んでいくと、仕様変更でタグの差し替えを
しなければならないことがあります。そのさい、GTM を使っている
と、ページの数だけタグを書き直す作業を行わずに済みます。なお、
GTM は無料で提供されており、誰でも使えます。

図表79-1 GTM使用上のメリット

メリット	説明
バージョン管理ができる	GTMのバージョン管理のおかげで、トラブルが起きたらすぐに切り戻すことができる
タグの設置が容易になる	通常、サービスごとに発行されるコードをサイト内に埋め込んでいく必要があるが、GTM管理画面に保存すればサイトに自動反映される
公開前にプレビューできる	設定内容の動作確認用として、プレビューモードがある
タグ管理が容易になる	計測サービスを増やすとコード量が多くなり、動作不全やどこに設置したかがわかりにくくなります。GTMでは、サイトにGTMコードを埋め込むだけなので管理しやすくなります

⊘ Shopifyでの設置方法

　Shopify で GTM のドキュメント通りに GTM を設置するには、カート以降の購入フローであるチェックアウト画面のソースコード「checkout.liquid」を編集する必要があるため、それを編集可能な Shopify Plus ストアであることが前提となります。おもな手順は次のとおりです。

① checkout のアンロック

　まず、「checkout.liquid」を編集可能な状態にします。これを「checkout.liquidのアンロック」と呼びます。Shopify Plus にした状態でサクセスマネージャーにアンロック申請をします。アンロックできたら、管理画面の［コードを編集する］→［新しい Layout を作成する］に［checkout］が選択可能となるので作成します。それ以降は他の Liquid ファイル同様、編集が可能となります。

② checkout.liquid に GTM 設置

　GTM では2つのタグが発行されるので、「checkout.liquid」にコードを貼りつけます。
　テーマ全体の <head> タグ、<body> タグは「theme.liquid」に記載されていますが、「checkout.liquid」は完全に別の HTML 構造となるため、この作業が必要になります。
　1つ目のタグは、<head> タグ内のできるだけ上部に設置します。
　2つ目のタグは、<body> タグのすぐ下に設置します。

③ theme.liquid に GTM 設置

　前項同様に、2つのタグを「theme.liquid」に貼りつけます。

④ dataLayer の実装

GTMに渡したい情報があれば、dataLayerを<head>タグ内に設置したGTMコードより前に記載します。動的値をセットするので、objectやliquidのShopifyドキュメントページを参考にコードを書いていきます。

以上で、Shopify側の設定は完了となります。GTM側で設定やデータが取れているかの確認を行い、データ計測が行えるようになります。

参考

- Shopify Developers Platform 「checkout.liquid」
- https://shopify.dev/docs/themes/theme-templates/
  checkout-liquid

Shopify Plus は 「何でもできる魔法の箱」ではない

Shopify Plusは構築・運用が便利になるプランであって、通常プランと一線を画す機能ではありません。Shopifyそのものの特性をよく理解して活用しましょう。

✓ 基本機能は通常プランと同じ

　Shopify Plus は通常プランとの価格差が大きいこともあり、何でもできるとよく勘違いされます。確かに Plus プランになればできることは増えますが、それが理想をすべて叶えることにはなりません。Shopify の標準機能をよく理解したマーチャントが、Plus プランを選定するさいに基準とすべき機能がいくつかありますので、ご紹介します。

選定基準とされる機能

- Multipass：既にマーチャントで持っている既存のシステムの顧客情報との接続、Multipassでの同一IDログイン実現のため
- Script Editor：特定条件下で支払い方法の表示制御、自動割引処理の実現のため
- checkout.liquidの開放：GTMをはじめ、計測タグの設置、Thank YouページのUX向上のため
- スタッフ数増：コンテンツ専任、EC運用専任、店舗専任などスタッフ数が多い場合、各スタッフにスタッフアカウントを発行するため

　そのほか、今後注目度が高くなると予想される機能は次のとおりです。

注目度が高くなると想定される機能

- Shopify Flow：EC運用やマーケティングに利用できるデータを開発なしで実現できるので、活用できるマーチャントは運用負荷を抑えることができる
- Launchpad：イベントやセールの割引や切替が自動で行えるため、計画的に施策運用できるマーチャントには有効なアプリである

　特にShopify Flowで連携されているアプリは知名度、実績も十分なアプリが揃っているので、Shopify Plusで利用するアプリで迷った場合、連携アプリから選択するのもよいかもしれません（連携アプリについてはP.308参照）。

✓ Shopifyの本質は変わらない

　Shopifyの本質的な特徴の1つに「施策を高速に試していける」プラットフォームであるという点が挙げられます。これは、コードを書かずにサービス構築ができるノーコードツールの特性でもあり、Shopify Plusもこれに当てはまるサービスです。Webサイトは歴史的な背景から、コードを書くのが当たり前と捉えられがちですが、ツールの進化によりコードを書かずにやりたいことを個別の機能を組み合わせて実現していくように、サイトの取り扱い方法も変化しています。

　今後、Shopifyを十分に活用できるマーチャントのなかで、より活発な利用が期待される分野として「サービス連携サービス」があります。これは、複数のサービスを紐づけるサービスを指しており、Shopifyと接続できるサービスとして、Zapier、Integromat、Alloy Automation、Automate.io、Parabolaなどがあります。

サービス連携サービス

- Zapier （https://zapier.com/）
- Integromat （https://www.integromat.com/en）
- Alloy Automation （https://runalloy.com/）
- Automate.io （https://automate.io/）
- Parabola （https://parabola.io/）

　これらのサービスの特徴として、まったくコードを書かずに設定していくだけで連携が可能な点、連携先サービスが非常に充実している点が挙げられます。つまり、アイデアさえあれば、これまでできなかった機能を自動化できる可能性を秘めています。たとえば、Alloy Automationでは、2021年7月現在、100以上のワークフローレシピが公開されており、200以上のサービスと連携しています。

Alloy Automationのサービス連携

- App Integrations
- https://automate.io/integrations

マーチャントとパートナーの協業

できることが増えるぶん
要件設計ができるパートナーが重要

Shopify Plusでは機能追加が多くありますが、その機能を十分ビジネスに活かすには、マーチャントとパートナーが協力して設計する必要があります。協業によって、ブランドを作っていきましょう！

✓ 情報が少ないため、検証やナレッジが鍵になる

　Shopifyの通常プランは全世界で利用されているだけあって情報量も非常に多く、公式の資料も多く用意されています。それに対して、Shopify Plusは情報がほとんどなく、日本国内に目を向けるとほぼない状態です。現代社会はVUCAと呼ばれ、世の中の流れが早く、先が読めない混沌とした状況であり、それを意識しながらブランドECの企画・運営をしていかなければなりません。

　高速に施策を実現できる仕組みとしてShopifyは最適ですが、今は最も重要なのが「情報」であると考えます。機能1つ、アプリ1つとっても、「情報を知っているか知らないか」がブランド活動の活性を左右する重要要素となっており、情報をしっかり調べられることがブランド人としての必須スキルになっています。

　では、情報を集めるためにはどのような方法やポイントがあるか考えてみましょう。

✓ 英語で調べる

　最近は日本語情報も増えてきましたが、圧倒的に英語のほうが情報量は多いです。Shopifyそのものの情報は日本語化が進んでいますが、海外製アプリの情報はほぼ英語であり、よほど人気のあるアプリでない限り日本語化は望めないため、英語のキーワードで情報検索するこ

とを意識しましょう。Shopify Plusは英語でも情報は少ないのですが、サクセスマネージャーに相談が可能になるので、そちらで問い合わせをするとよいかもしれません。

✓ 自ら検証してみる・検証内容を把握する

さまざまな業務形態のビジネスパートナーがいるため、一概には言えませんが、Shopifyの基本スタンスとして「マーチャントが自分自身で運用していく」サービス構造になっているため、筆者はマーチャント自身が主体的に理解する必要があると考えています。そうすることで、やりたいことを無駄なく理想に近い形で実現できるのではないでしょうか。全部パートナーに依頼し、いざというときに自社で対応しきれないケースを多く見てきました。Shopify Plusは情報が少ないぶん、実際に触ってみることの意義が大きくなっていると感じます。ぜひ、すべてをパートナーに任せず、まずはご自身で触ってみてください。

その一方、情報を調べた後のポイントについても触れておきましょう。Shopifyでも必要ですが、規模が大きくなるShopify Plusでは欠かせない役割を挙げます。

✓ 自社内でのエキスパート

できることが多いため、すべてを網羅して理解することは難しく、アプリ・機能ごとのエキスパートが必要になるでしょう。たとえば、メルマガアプリなどはデジタルマーケティングの専門性に加え、アプリの特性も理解しておく必要があるため、役割分担してエキスパートを配置するのがよいでしょう。とあるマーチャントでは、Shopifyそのものの導入エキスパートとして、PCにステッカーを貼って社内にShopifyの存在を認知させていった方もいます。

✓ ナレッジマネジメント

　同じ情報を何度も調べることは無駄であり、むしろ情報をため込むことで、その組織独自の情報データベースを作っていくことのほうが重要です。第1段階でため込む習慣をつけ、第2段階で整理して閲覧しやすくするのが進めやすいと思います。そのさい、ごく単純なルールづけをすると、情報が集まりやすいです。たとえば、筆者の所属する企業の取り組みをご紹介すると、「自社のWikipediaを作ろう」というテーマを掲げ、同じフォーマットで投稿するようにし、カテゴリ整理やルール整備は専門チームが担って品質向上を図っています。

✓ 全体のバランスを考えて要件設計

　とりあえずShopify Plusにするのではなく、全体のバランスを考えてまずは要件定義を行うことが大事です。ポイントは必要最低限の要件に留め、シンプルに設計すること。規模が大きくなると複雑性が増し、アプリ1つ入れるのにも苦労してしまいます。

　考え方としては、「構築・制作する」から「利用する」に意識を変えること。従来のECサイト制作のように、構築・制作するという意識のままでいると、あれができない、これができないとなってしまいます。そもそも理想通り作るのであればそういった専用ツールを利用すればよく、Shopifyの高速に試せる利点は活かせません。

　理想の形をシンプルな構成で一緒に目指していく、まさに「ビジネスパートナー」として、マーチャントと共創することを意識したパートナー（特に、Shopify公認パートナー）と協業していくことが成功の秘訣となるでしょう。

先輩企業に聞く！
土屋鞄はどうShopifyを
使いこなしているのか

丸山哲生×河野貴伸

フラクタ 河野貴伸（以下、河野）：土屋鞄製造所さんと言えば、日本でもいち早くShopifyを導入し、社内でチームを組んでうまく運用している印象があります。今回は、土屋鞄さんのShopifyリプレイスを主導した同社の丸山哲生さんにお話を伺おうと思います。ちなみに、導入されたのはいつでしたか。

土屋鞄 丸山哲生（以下、丸山）：2019年7月頃にShopifyの導入を決め、年末にECシステムをリプレイスしました。

河野：ECシステムのリプレイスは1年がかりと言われているので、相当短い期間でしたね。導入するにあたり、不安はありませんでしたか。

丸山：当時Shopifyは国内での導入事例が少なく、問い合わせやアプリも英語が中心だったことと、社内でShopifyに携わる部門は、店舗、カスタマーサポート、修理部門、物流部門と多岐にわたるため、すべてのスタッフが使いこなせるかという不安はありました。

　一方で、フロントエンドの構築については不安はありませんでした。

丸山哲生（まるやま　てつお）

土屋鞄製造所 執行役員／ハリズリー 執行役員 クリエイティブ部門管掌

建築設計事務所を経て土屋鞄製造所に入社。複数部署を経験後、KABAN事業本部長就任。2020年ハリズリーに転籍し、グループ会社のクリエイティブ支援を中心に土屋鞄のクリエイティブセンターと商品企画室を兼務。

https://harizury.com

土屋鞄では、ブランド創業時からECを主体としたブランディングをしており、ブランドコミュニケーションに関わるクリエイティブも内製しています。また、河野さんにも協力いただきながらWeb開発やWebコーディングなどのテクニカルなスキルについての人材育成をしていたため、フロントエンドがスムーズに構築できたんだと思います。

河野：最近ではOMO（Online Merges with Offline=オンラインとオフラインの融合）が前提になっており、EC運用スタッフだけでなく、店舗スタッフを含め、あらゆる人がECシステムに携わるようになっていますよね。やはり触れる人が多様になると、デジタルリテラシーの差も出てくるので、そういう点で先進的な海外のシステムは不安だったということでしょうか。

丸山：そうですね。ただ米国を中心に成功している事例を見ていましたし、国内で使いこなしている会社の事例にも触れていくなかで、アプリで機能拡張するシステムの思想には共感していました。

　導入検討時に運用スタッフに管理画面を使ってもらい、現場の感覚を事前にヒアリングしていたことや、何より「まずはカタチに」という土屋鞄の企業文化が、短期間のリプレイス実現を後押ししました。

河野：まずやってみるというのは大事ですよね。触ってみると意外と思ったより簡単だったみたいなことはありますからね。

通常業務との並行に苦労

河野：導入を決め、リプレイスを実行するにあたり、一番大変だった点はどういうところでしたか。

丸山：通常業務と並行しながらリプレイスを進めるスタッフの作業時間の確保や、既存の運用方法を維持するために、どこまでシステムを開発するかという点は難しかったです。

　Shopify自体、アプリで機能追加していくという思想のため開発範囲は限られますが、ECシステムは通販担当者だけが触るものではなくなっているので、「開発する、しない」など1つひとつの決定が大事になります。運用を改善するための開発って決定権を持つ経営陣にはわかりづら

いのですが、積み重ねで業務の生産性に大きく影響するので、運用と経営の橋渡しは大変でした。

河野：Shopifyは、先ほども挙げていただいたように海外のシステムなので、いろいろな資料やノウハウが比較的英語メインで、使っている技術も結構先進的なんですよね。それゆえに、開発以外にも、メンバーが勉強する時間だったり、新しい情報を取りに行ったりする時間も必要になる。そういったアクションを後押ししてあげるとか、理解してあげるところには気を使われていたんでしょうか。

丸山：はい、リプレイスに関わる主要なプロジェクトメンバーは、業務の半分以上、この件に時間を割いてもらえるように調整しました。また、既に導入している知人の会社のメンバーや河野さんたちに簡単に相談できる場を設けるなど、悩みがすぐに解決できるよう気を配りました。

河野：そういうことをやってくれるリーダーがいないと、なかなかちゃんとチームがワークしない。チームメンバーが不安になることがあるかもしれないですね。

現場から経営までの意識合わせ

丸山：よくある話として、経営層に通販やシステムの理解が最低限ないと、「なんでこれできないのか？」という話になって、その検証のためにものすごく時間がかかってしまうこともあります。

　経営層と現場が共通言語を持つことや、仕組みを理解することなど、お互いの歩み寄りが必要で、推進リーダーがその橋渡しをすることで運用スタッフも動きやすくなると思います。

河野：現場と経営層って、意外とその間に谷みたいのがある。10年前と比較するとよくはなってきていて、経営層が「DXだ」「Shopifyだ」って言うんだけど、現場からしてみると、「いや、そうは言っても……」とすれ違ってしまうことも。その溝を埋めてあげる存在が、まさしく丸山さんのような現場と経営層をつなぐ立場なわけですね。お互いにとってのニュートラルゾーン。そして経営層には、「実際体験してみて

図表A　土屋鞄製造所

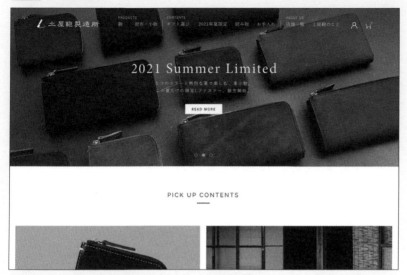

選び抜かれた素材を職人による丁寧な手仕事によって仕立て上げた鞄をはじめとし、さまざまなレザーアイテムを扱う。商品の魅力を伝えるだけでなく、ストアを介した買い物体験すべてをブランドらしいものへと実現していくためにShopifyを活用している。出典：https://tsuchiya-kaban.jp/

よ」って伝えることが大事なんだなって思います。

丸山：現場のプロジェクトメンバーが翻訳者として、尽力してくれたおかげですよ。

　また、ECを効率的に運用するには、商品の品番の付け方、店舗間移動や倉庫管理など、サプライチェーン全体が連動することが大事です。ECシステムだからEC運営の仕事である、としていては、業務効率は解決せず、特殊な要件のシステム開発が発生します。

　そのあたりの業務は運用スタッフが業務範囲を拡張しながら巻き取っているケースが多いかと思いますが、全社でその部分を理解し、そして運用スタッフをしっかりと評価してあげることが大切だと思います。

河野：ECっておっしゃる通り、入り込んでいくといろいろな領域を覚えさせて、全方位を見なきゃいけなくなる。でもECは新しくできた部署だから、比較的扱いとしては新人なんですよね。その難しさが理解されず、なかなか頑張っても評価されづらいのは、各社皆さん、口をそろえ

ておっしゃいます。

　その点、土屋鞄さんは社長もECについての理解が深いので、コミュニケーションはしやすそうですね。

丸山：トップの理解があるので、プロジェクトを進めやすかったですね。

河野：EC運営の当事者だけでなく、会社全体としての理解と活用は必要ですよね。これ、DXの領域でも同じことが言えると思います。

インハウスチームの役割

河野：土屋鞄さんのように、デジタルマーケターやクリエイティブのメンバーも社内に在籍している会社は稀だと思います。インハウスのチームを作る意義や、組織内の役割分担について伺っていきたいのですが、まずリプレイスチームはどんな体制でしたか。

丸山：リプレイスでは、マーケター、ECディレクター、アートディレクター、マークアップエンジニアが中心となり、店舗マネージャー、CSマネージャー、情報システム、法務という社内スタッフを取りまとめていました。加えて、河野さんの会社のメンバーとのタスクフォースを結成し、私や取締役がコミットする体制で始まりました。最初は共通言語がなくて大変でしたが、終わったときにはチームの結束が固くなり、今はそのときのメンバーが部門を横断してリーダーシップを発揮してくれています。

河野：そうですよね。確かに立ち上げメンバーは、最初わからないことが多く、意思疎通なども大変ですが、だんだんみんなが理解し合えると、すごくチームワークが高まりますよね。

丸山：打ち上げで乾杯するとき、メンバーたちは「ショウグーン」[1]って掛け声で乾杯していました。

河野：今回のShopify本を読んでいる方は、思わず笑ってしまうネタですね。

　また土屋鞄さんのようにインハウスのチームがいることによって、ブ

※1：**Shogun Landing Page Builder** ▶ページを生成管理する Shopify アプリ

ランディングやShopifyなどのデジタルを、スピード感を持って使いこなせるなどのよさはあるとは思いますが、一方で組織を維持発展させることは大変だと思います。デジタルマーケティングやクリエイティブを内製していて、一番価値を感じる部分って何ですか。

丸山：やはり自分たちのブランドを解像度高くお客様に伝えられるという点と、日々の活動のなかでPDCAを回しながら改善していける点だと思います。

　Shopifyは、さまざまなテーマが用意されていて、簡単にサイトを作れるよさがあります。一方、標準のものでは均一化しやすく、ブランド固有の顧客体験を表現しづらい場合もあり、その点はインハウスのチームが事業課題に合わせてスピード感を持って、カスタマイズしてくれているので、そこは大事にしています。

　ただ、インハウスの重要度は、ブランドの規模、商材によって変わってくると思うので、自分たちのビジネスに合った体制で挑むことが大事ですよね。

　最近は土屋鞄のインハウスクリエイティブチームが、さまざまなブランドの案件を対応し始めていて、そうなってくるとノウハウが横展開できるので、内製していることには意味を感じますね。

河野：手段が目的になってチームを作らなきゃというよりは、自分たちの今の会社としての事業体が、どういう状態で何が最適解かを考えなければいけないということですよね。

　少人数体制であっても、外部と連携し、うまく回るのであればコンパクトでいい。ただそのメンバーをちゃんと評価してあげること、外部のパートナーとも上手に連携しながらしっかり設計していくということも必要ですし、土屋鞄さんみたいにナレッジや社内でノウハウを貯めて、できることを強みにしながら、内製していくということもありでしょうし。目的から逆算していったほうがいいということになりますね。

Shopifyも万能ではない

河野：Shopifyを導入してみて、使いづらい箇所や運用面で、課題を感じ

ている箇所ってどんなことでしたか。

丸山：日本特有、事業特有の要件が実現できなかったり、実現したりするのに工夫が必要ということです。

1つ目は、商品管理の考え方が異なるため、同じ形で色違いがあり、一色だけ販売終了となる場合に、SKU単位で表示、非表示ができないこと。

2つ目は、顧客管理では、マイページの概念がないため、郵便のダイレクトメールを送ろうとすると、住所が特定できないこと。

3つ目は、在庫、倉庫管理で連携するシステムも、納期指定や細かな要件を簡易に連携したり、ある程度の規模のビジネスに対応できたりするものが少ないということ。

2つ目の問題については、アプリを使って工夫することで解決でき、Shopify Japanの方から他の事業者さんにも展開したいと連絡がありました。

河野：その悩みを抱えていらっしゃるブランドさんは多いでしょうね。一方でShopify側も、相当なスピードでバージョンアップしており、先日のアップデートで、挙げていただいたところの半分くらいは解決できるようになりました。

たとえば、商品や顧客ごとにメタフィールドが使えるようになったこととか。非表示のSKUのナンバーを入れておけば、それだけ非表示にできるようになったので、ノウハウを展開しなくても大丈夫ですね。

丸山：なるほど。スピーディーにアップデートし、どんどん使いやすくなるのはShopifyのよさですよね。

河野さんともよく話していますけれど、万能なシステムはなく、たとえばオペレーションは過去のものを継続したいけれど、それに対応しているアプリがない、というような不都合を感じる部分もあるじゃないですか。あとは、「お金をかければできるけれど、費用対効果はどうなの？」ということもあります。

河野：よく誤解されるんですが、Shopifyが万能だと思われるとちょっと違うなと思っていて。あまり期待しすぎて、カスタマイズ要件モリモリ

にしすぎると炎上する。ダメなパターンだと、Shopifyにしたいって2年前くらいに開発検討を始めたけれど、まだオープンしてないサイトがあるって聞きますからね。

丸山：システム開発して何でも解決するのではなく、運用側で対応し、融通を利かせるということの組み合わせをできるとよいと思います。

河野：やっぱり何でもかんでもやろうとすると、魔法の箱ではないので、沼にハマります。逆に、ここがよいなっていうのはありますか。

Shopifyのよいところ

丸山：まず1つ目は、サイトの構造やデータベースがシンプルなので、スマホにアプリを入れるような手軽さで機能拡張できるところです。アプリは無料や少額で試行できるので、その機能を追加するかしないのかの検証を、スピード感を持って判断できる。

さらに、Webの知識が疎い人でも、わかりやすいレポート分析の機能があるため、管理画面から今の売れ行きや人気製品がどういう状況かを見ることができる。新たにレポートを作る必要がないというのは便利です。

河野：そこはまさにShopifyのよいところですね。

丸山：2つ目は、拡張性です。データベースを理解できる人がいれば、組み合わせ次第でAPI[※2]を活用し、できることが増える。また、ブランドが成長していくと求められるシステム要件、たとえばサイト訪問者数や一度に発生する購入トランザクション数がどんどん変わっていって、必要になるサーバーのサイズも変わってくる。その点を気にしなくていいのは、結構大きいのかなと思います。

河野：昔はクライアントが「テレビに出ます」と言われるとちょっとドキドキしてたんです。うれしいけれど、「アクセスが集中してサーバー落ちない!?　大丈夫!?」って。今ならそんな心配せずに、安心して喜べます。

※2：Application Programming Interface ▶ソフトウェアの機能を共有できる仕組み

丸山：成長するタイミングでまた別のシステムにリプレイスすると、顧客情報の移行も大変なので、小さい規模から大きい規模まで拡張が可能というのは大きいです。

河野：顧客情報の移行は、すごくヘビーですからね。そもそもそれでお客様が離脱してしまいますし、米国ではShopifyで500億円規模の通販をされている会社もあるので安心ですね。

丸山：よいところの3つ目は、越境ECとの連携です。僕らがリプレイスしたタイミングは、ちょうど越境ECもリプレイスしようっていうタイミングだったんです。そういう意味では、両方セットで変えてみて、越境ECのほうだと他通貨決済とか、配送国を広げるときに、拡張が容易に変更できて非常によかった。今、結果的に63ヵ国に配送が可能になりました。

河野：そんなに増えたんですね！

これから使う方へ

河野：この本を読まれている企業の方が、これから自分たちでShopifyを活用する場合、こういうやり方いいよとか、これはコツだよとか、内製のためのアドバイスをいただけますか。

丸山：まずは、導入検討時の検証です。ECシステムを入れ替えるというのは、事業全体への影響が大きく出ます。日々の運用がうまくいかないと非常に悪影響を及ぼすので、入れ替え前には、なるべく多くの人にまず使ってもらい、検証することが大事です。導入検討にもある程度の予算を確保しておくと、アプリなども使えてよいと思います。

　また、事前に課題を洗い出し、その要望をすべて満たした場合にかかるコストは、それに見合うものなのかを判断することも大切です。運用を変えれば行けるかという期待値調整ができていると、リプレイスはスムーズに進むと思います。

河野：確かにShopifyは一番下のプランなら非常に安価にできますし、公開しなければ無料でも使えるので、とりあえずやってみるのはよいと思います。ECサイトをアップデートしていくことに対して、完全に使っ

たことがないものにいきなり切り替えるのはリスクが高いですし。現場スタッフの理解が得られないまま、トップの判断で入れ替えを決めた後に、あらゆる部署、あらゆる関係各所からの要望を全部盛り込むと完成しないシステムになってしまいます。

　そういう意味で土屋鞄さんは、開発をせずに運用でカバーし、切り捨てるところの判断がうまく整理されています。丸山さんも含めて、皆さん気をつけてらっしゃる事や心構えなどはあるんですか。

Shopify はあくまで手段

丸山：先日、ECの運営を担当しているマネージャーとも話していたんですけれど、Shopifyはアプリを入れればできることが多いので、流行り物をやりたくなるんです。けれども手段が目的にならないように、お客様にとって何が価値があるのかを想像して、それを元にきちんと要件を決めていくことは意識しています。

河野：ある意味で商売の原点、お客様がいらっしゃって、お客様に対してどういう価値を提供できるのかというところを起点に考えないと、ついつい「これ面白そう」「あれ面白そう」となり、自己満足でアプリを入れてしまい、大変になることがありますよね。

丸山：小さく始めて試せるところがShopifyのよさなので、「これ面白そう」と試してみると、自分たちも想像していなかったよい結果が生まれることもあるのではないでしょうか。ただそこで重要なのは、なんのために機能追加するのかという点と、最初から全部やり切ろうと思わず、運用しながらバージョンアップさせていくことだと思います。

今後の展望

河野：最後に今後のビジョンやチャレンジしたいことをお聞きできたら。

丸山：土屋鞄は、創業から半世紀、ものづくりやブランドの価値を向上させることに注力してきました。そしてこれからは土屋鞄に限らず、日本のものづくり全体を「温故創新」していくために、ハリズリーという

ブランドホールディング会社を立ち上げました。まだ活動は始まったばかりですが、土屋鞄のインハウスのクリエイティブチームは、グループ全体のインハウスチームとして活動の枠を広げ始めています。土屋鞄で培ってきたノウハウをより広く、グループブランドの成長に貢献していこうと思っています。

河野： なんと！　専門性を持ったインハウスのチームが、土屋鞄さん以外のブランドの支援もしていくんですね。そうなると、組織のナレッジが横展開できますね。

丸山： はい。最近ではグループブランドのクリエイティブを制作したり、社外のブランディングのお手伝いも少しずつ始めたりしています。クリエイティブのメンバーたちも、事業会社内にいながら、幅広い仕事ができると言って楽しんでくれています。事業を知っていて、ビジネスとクリエイティブ両方の視点から対応できるチームは国内でも稀だと思うので、頑張っていきたいと思っています。

図表B　ハリズリー

土屋鞄製造所を母体として生まれたホールディングス企業。歴史や伝統を受け継ぎながら、現代のニーズやライフスタイルとマッチした、新しいものづくりのあり方を創新する。出典：https://harizury.com/

河野：土屋鞄としてShopifyを活用し、新たにチャレンジしたいことはありますか。

丸山：土屋鞄では、Shopify POSの導入も終わり、ECシステムとしてのShopifyではなく、店舗も含めたOMOのシステム基盤が整いました。これから店舗、通販の境界なく、顧客体験を向上させていくような施策をいろいろと挑戦していきたいと思っています。楽しみにお待ちください。

河野：ありがとうございました！

　今後も土屋鞄さんのご活躍、期待しております。

おわりに

　Shopifyは「魔法の箱」ではありません。何でもかんでも実現できるシステムというわけではありませんし、Shopifyを使ったからといって売上が上がるわけでもありません。

　Shopifyは「道具」に過ぎません。過剰な期待は禁物です。

　しかし、一方で、しっかりと使いこなし、自分たちのビジネスと融合できれば、強力なゲームチェンジャーとなりえます。Shopifyを使いこなす、ということはコードが書けるということではなく、Shopifyのメリット・デメリットをしっかり理解し、先々の未来の予定を知っておくこと。そして常に俯瞰で全体最適を意識し、しっかりと自分自身でビジネスを組み立てていくことです。

　今までECという世界は、どうしても「外部の専門家に丸投げする」という状態にならざるをえない、ということが多かったのですが、これから先の未来は「自分たちで使いこなす」ことが最も重要なファクターとなる時代がやってきます。Shopifyが掲げる「Make commerce better for everyone」というコンセプトは、まさしくこの来るべき世界を見据えた言葉と言えます。

　この書籍を読んでくださった皆さまは、我々と共にECの世界を突き進む開拓者であり、冒険者です。この本はすべての始まりに過ぎません。日本のECビジネスが世界でも注目されるような時代を、皆さんと共に作り上げる未来を迎えられることを楽しみにしています！

　そして、最後に。

　この書籍の発行にあたり、コンセプトに賛同し、多忙ななか執筆に全力を注いでくださったコマースメディア株式会社の井澤孝宏氏、小林俊也氏。ミウラタクヤ商店の三浦卓也氏。株式会社StoreHeroの黒瀬淳一氏。株式会社ハックルベリーの安藤祐輔氏。株式会社フラクタの南茂理恵氏、森田泰則氏。各社のスタッフさん。執筆にあたり、全面的な支援とリーダーシップで引っ張ってくださった今村享嗣氏と株式会社インプレスの皆さま。

　コラムでとても素晴らしい内容を提供いただいた世界へボカン株式会社の徳田祐希氏、株式会社土屋鞄製造所の丸山哲生氏と八島朱里氏。実績面で多大なご協力をいただいた、Shopifyを活用してくださっている各社様。本当にたくさんの方に支えられ、この書籍を形にできたことを、本当に嬉しく思い、また感謝の気持ちでいっぱいです。

　さらに。すべての始まりは、株式会社FABRIC TOKYOの高橋政裕氏からのご紹介で企画がスタートしました。高橋氏がいらっしゃらなければ、この書籍は誕生していませんでした。改めてお礼を申し上げます。

　でもやっぱり！

　最後にお礼をお伝えしたいのは、この書籍を手に取り最後まで読んでくださった「あなた」です。お時間を割いていただき、本当にありがとうございます！

全部ではなくとも、少しでもお役に立てる内容がお届けできたなら、心より嬉しく思います。

　まだまだ進化し続けるECの世界。
　共に未来へ。

Make commerce better for everyone.

2021年7月　河野貴伸

河野貴伸 （こうの・たかのぶ）　

1982年生まれ。東京の下町生まれ、下町育ち。株式会社フラクタ代表取締役。Shopify日本初代エバンジェリスト。株式会社Zokei 社外CTO。ジャパンEコマースコンサルタント協会講師。元 株式会社土屋鞄製造所デジタル戦略担当取締役。2000年からフリーランスのCGクリエイター、作曲家、デザイナーとして活動。美容室やアパレルを専門にデジタルコミュニケーション設計、ブランディングを手がける。「人の"心"に届く、ブランドの最適解を探究し続ける」をミッションに、ブランドビジネス全体とD2Cブランドへの支援活動及びコマース業界全体の発展とShopifyの普及をメインに全国でセミナー及び執筆活動中。

南茂理恵 （なんも・りえ）　

株式会社フラクタ執行役員、One by One局共同局長。新卒で採用広報の制作会社に入社し、アシスタントを経てディレクターとして4年勤務。多くの制作パートナーと信頼関係を築く。フラクタの創業期にジョイン。デジタルとアナログを問わず、制作全体のディレクション、プロジェクト推進を実行する局の統括を担う。おもにはメンバーを後ろからバックアップする役目が多いが、OMOを前提としたブランドの高速立ち上げをともに並走し具現化する、ミッションスペシャリストとしても活躍する。

井澤孝宏 （いざわ・たかひろ）　

コマースメディア株式会社 代表取締役。上智大学卒業後、楽天株式会社に入社。ECコンサルタントとして売上改善業務を担当。2013年ベンチャー企業に入社し、EC事業を立ち上げから上場を経験。2016年コマースメディア株式会社を設立し、Shopifyを中心としたECサイトのマーケティング・制作・運用・ロジスティクスのサポート及びコンサルティングを行う。自ら実践を信条とし、自社ブランドやECを実施中。自社でECを実際に運営していることから、設定、デザイン、構築、連携システム（Amazon、楽天、Yahoo!等）のつなぎ込み等の包括的なサポートが可能。
2017年日本で3社目となるShopifyエキスパートに認定。Shopify E-commerce Awards 2019受賞。2020年Shopifyエバンジェリスト就任。

三浦卓也 （みうら・たくや）

日本初のShopify教育パートナー認定者。2016年に独立し、ミウラタクヤ商店開業。2019年からShopifyを活用し1年で売上400%成長達成。注文単価160%達成。リピート率200%へ改善。SKUが少なめのショップの公式サイトとAmazonの販売戦術の設計と運用が得意。ミウラタクヤ商店は、立ち上げ・商品開発・受注処理・カスタマー対応・物流・広告・アプリ研究など、すべて現場から実行し"ひとりEC運営"を徹底。EC家庭教師という簡易型コンサルティングサービスを提供しつつ、Shopify教育パートナーとしてセミナーに積極的に登壇する。

黒瀬淳一 （くろせ・じゅんいち）

株式会社StoreHero Co-founder＆代表取締役CEO。筑波大学卒業、神戸大学大学院修了後、アクシイズに参画。取締役としてSaaSの開発・販売に従事し、同社を売却。その後、インターネットインフィニティ、チームスピリットに参画し、事業開発、営業・マーケティングを担当し、それぞれ上場を果たす。Ginzamarketsのカントリーマネージャーを経て、2019年StoreHeroを創業。10年後のコマースのスタンダードを作るべく、Shopify特化でグロース支援、ストア構築、アプリ開発などメインに活動。「テクノロジーを活用してコマース事業者をヒーローにする」をコンセプトにスタートアップからグローバル企業まで幅広く支援。

安藤祐輔 （あんどう・ゆうすけ）

連続起業家。株式会社ハックルベリー代表取締役。高校を卒業後、東京消防庁入庁。その後、筑波大学に入学し、4年次に起業するという、少し異色の経歴を持つ起業家。複数事業を展開し、2012年11月株式会社Socketを創業。2014年9月にスマホ販促プラットフォームFlipdeskをリリースし、数百社へ導入・利用されるサービスとなる。その後KDDIへM&A。KDDIグループ会社社長として事業戦略、採用、M&Aに従事後、2017年退任。ベンチャーキャピタルのパートナーを経て、現在はShopifyアプリ事業を展開する、株式会社ハックルベリーの代表を務める。
EC店舗運営、海外EC起ち上げ及び運営支援、EC向けマーケティングベンダーとしての支援経験とECに関する幅広い立場での関与経験がある。

森田泰則 （もりた・やすのり）

株式会社フラクタ ブランディング・テクノロジスト。SIerでシステムエンジニアとしてWebサイトの開発・運用を行っていたなかで、デザイン・UXの重要性を感じデザインスクールで学習した後、2012年に株式会社フラクタの立ち上げに参画し現職。フラクタの提唱しているブランドらしさのある購買体験を大切にするブランド設計をテクノロジー・デザイン・UXの観点から担いつつ、さまざまなブランド内部の実情に直面。多くの業務を抱えるブランド担当者が本来やるべき業務に集中できるよう「無理しないWebサイトと、チーム作り」実現のため、情報発信や人材育成、制作コンサルティングを行っている。

※各人の肩書きは本書執筆当時のものです

INDEX

【STAFF】

カバーデザイン	山之口正和（OKIKATA）
本文デザイン	山之口正和＋沢田幸平（OKIKATA）
本文図版	井上敬子
DTP	柏倉真理子
デザイン制作室	今津幸弘
編集	今村享嗣
編集長	柳沼俊宏

【協力】

ストアサンプル素材	前田まゆ

■ 購入者限定特典

本書をお買い求めいただいた読者の方限定で、紙幅の関係で惜しくも収録できなかった、Chapter 8のコンテンツ「Make commerce better for everyoneすべての人にコマースをよりよく」のPDF版と、本書に登場するアプリとサービスのリンク集「アプリ＆サービスINDEX」を株式会社インプレスよりご提供します。以下のURL（または右下のQRコード）からアクセスしてご利用ください。

https://book.impress.co.jp/books/1120101169

※「特典」のページに進み、画面の指示に従って操作してください。
※無料の読者会員システム「CLUB Impress」への登録が必要となります。
※本特典の利用は、書籍を購入していただいた方に限ります。

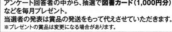

本書のご感想をぜひお寄せください
https://book.impress.co.jp/books/1120101169
読者登録サービス CLUB Impress
アンケート回答者の中から、抽選で図書カード（1,000円分）などを毎月プレゼント。
当選者の発表は賞品の発送をもって代えさせていただきます。
※プレゼントの賞品は変更になる場合があります。

■商品に関する問い合わせ先

このたびは弊社商品をご購入いただきありがとうございます。本書の内容などに関するお問い合わせは、下記のURLまたは二次元バーコードにある問い合わせフォームからお送りください。

https://book.impress.co.jp/info/

上記フォームがご利用いただけない場合のメールでの問い合わせ先

info@impress.co.jp

※お問い合わせの際は、書名、ISBN、お名前、お電話番号、メールアドレス に加えて、「該当するページ」と「具体的なご質問内容」「お使いの動作環境」を必ずご明記ください。なお、本書の範囲を超えるご質問にはお答えできないのでご了承ください。

● 電話やFAX でのご質問には対応しておりません。また、封書でのお問い合わせは回答までに日数をいただく場合があります。あらかじめご了承ください。
● インプレスブックスの本書情報ページ https://book.impress.co.jp/books/1120101169 では、本書のサポート情報や正誤表・訂正情報などを提供しています。あわせてご確認ください。
● 本書の奥付に記載されている初版発行日から3年が経過した場合、もしくは本書で紹介している製品やサービスについて提供会社によるサポートが終了した場合はご質問にお答えできない場合があります。

■ 落丁・乱丁本などの問い合わせ先

FAX 03-6837-5023

service@impress.co.jp

※古書店で購入されたものについてはお取り替えできません。

Shopify運用大全
最先端ECサイトを成功に導く81の活用法

2021年8月21日　初版発行
2023年10月1日　第1版第4刷発行

著 者	河野貴伸、南茂理恵、井澤孝宏、三浦卓也、黒瀬淳一、安藤祐輔、森田泰則
発行人	小川 亨
編集人	高橋隆志
発行所	株式会社インプレス
	〒101-0051　東京都千代田区神田神保町一丁目105番地
	ホームページ https://book.impress.co.jp/
印刷所	音羽印刷株式会社

ISBN978-4-295-01243-6　C0034
Printed in Japan